Caminho de
Perfeição

Dados Internacionais de Catalogação na Publicação (CIP)
(Câmara Brasileira do Livro, SP, Brasil)

Ávila, Teresa de, 1515-1582
  Caminho de perfeição / Teresa de Ávila ; tradução das Carmelitas Descalças do Convento de Santa Teresa do Rio de Janeiro. – Petrópolis, RJ : Vozes, 2024.

2ª reimpressão, 2025.

ISBN 978-85-326-6795-3

1. Cristianismo 2. Misticismo – Cristianismo 3. Teresa, de Ávila, Santa, 1515-1582 4. Vida religiosa e monástica I. Título.

23-187038   CDD-248.89

Índices para catálogo sistemático:

1. Vida religiosa : Cristianismo   248.89

Eliane de Freitas Leite – Bibliotecária – CRB 8/8415

Santa Teresa de Jesus

Caminho de
Perfeição

Traduzido pelas Carmelitas Descalças do
Convento de Santa Teresa do Rio de Janeiro

Petrópolis

© 2024, Editora Vozes Ltda.
Rua Frei Luís, 100
25689-900 Petrópolis, RJ
www.vozes.com.br
Brasil

Obras de Santa Teresa de Jesus, traduzidas pelas Carmelitas Descalças do Convento de Santa Teresa do Rio de Janeiro. Tomo III.

Tradução do texto original segundo a edição crítica do R.P. Frei Silvério de Santa Teresa, Carmelita Descalço.

IMPRIMATUR
Por comissão especial do Exmo. e Revmo.
Sr. Dom Manuel Pedro da Cunha Cintra, bispo de Petrópolis.
Frei Lauro Ostermann, OFM
Petrópolis, 23/07/1951

Todos os direitos reservados. Nenhuma parte desta obra poderá ser reproduzida ou transmitida por qualquer forma e/ou quaisquer meios (eletrônico ou mecânico, incluindo fotocópia e gravação) ou arquivada em qualquer sistema ou banco de dados sem permissão escrita da editora.

CONSELHO EDITORIAL

Diretor
Volney J. Berkenbrock

Editores
Aline dos Santos Carneiro
Edrian Josué Pasini
Marilac Loraine Oleniki
Welder Lancieri Marchini

Conselheiros
Elói Dionísio Piva
Francisco Morás
Teobaldo Heidemann
Thiago Alexandre Hayakawa

Secretário executivo
Leonardo A.R.T. dos Santos

PRODUÇÃO EDITORIAL

Aline L.R. de Barros
Anna Catharina Miranda
Eric Parrot
Jailson Scota
Marcelo Telles
Mirela de Oliveira
Natália França
Priscilla A.F. Alves
Rafael de Oliveira
Samuel Rezende
Verônica M. Guedes

Editoração: Israel Vilas Bôas
Diagramação: Editora Vozes
Revisão gráfica: Lorena Delduca Herédias
Capa: Rafael Machado

ISBN 978-85-326-6795-3

Este livro foi composto e impresso pela Editora Vozes Ltda.

SUMÁRIO

Protestação, 13
Prólogo, 15

Capítulo 1 .... **17**
Da causa que me moveu a fundar este mosteiro com tão
estreita observância

Capítulo 2 .... **20**
Trata de como se devem as irmãs descuidar das necessidades
corporais, bem como do bem que há na pobreza

Capítulo 3 .... **24**
Prossegue a matéria que principiou a tratar no primeiro
capítulo, e persuade às irmãs que se ocupem sempre em
suplicar a Deus que favoreça os ministros da Igreja. Acaba
com uma exclamação

Capítulo 4 .... **29**
Em que persuade às irmãs que guardem a regra. Três coisas
importantes para a vida espiritual. Declara a primeira destas
três coisas, que é o amor do próximo, e discorre acerca dos
perigos das amizades particulares

Capítulo 5 .... **36**
Continua a discorrer acerca dos confessores. Diz quanto
importa que sejam letrados

Capítulo 6 .... **40**
Torna à matéria, já principiada, do perfeito amor

Capítulo 7 .... **44**
Em que continua a tratar do amor espiritual e dá alguns
conselhos para alcançá-lo

Capítulo 8 .... **50**
Trata do grande bem que é desapegar-se interior e
exteriormente de todas as coisas

Capítulo 9 .... **52**
Trata de como, para aqueles que deixaram o mundo, é grande
bem o fugir dos parentes. Quão mais verdadeiros amigos
encontram

Capítulo 10 .... **55**
Trata de como não basta nos desapegarmos dos parentes se não
tivermos o desapego de nós mesmos. Esta virtude anda sempre
junto com a humildade

Capítulo 11 .... **59**
Continua a tratar da mortificação e diz como é preciso
adquiri-la nas enfermidades

Capítulo 12 .... **62**
Trata de como há de ter em pouco a vida e a honra aquele
que, em verdade, ama a Deus

Capítulo 13 .... **66**
Continua na mesma matéria da mortificação e diz quanto
importa fugir das obsequiosidades e dos raciocínios do
mundo para chegar à razão verdadeira.

Capítulo 14 .... **70**
Em que trata do muito que importa não admitir à profissão
noviça alguma cujo espírito seja contrário ao que ficou dito
nos capítulos anteriores

Capítulo 15 .... **72**
Em que trata do grande bem que há em não nos desculparmos, mesmo quando nos vemos condenar sem culpa

Capítulo 16 .... **76**
Da diferença que há de haver na perfeição da vida dos contemplativos e dos que se contentam com oração mental. Como é possível algumas vezes elevar Deus à perfeita contemplação uma alma distraída, e qual o motivo disto. Este capítulo e o seguinte são muito dignos de ponderação

Capítulo 17 .... **81**
Trata de como nem todas as almas são aptas para a contemplação, e como algumas tardam em chegar a ela. O verdadeiro humilde há de ir contente pelo caminho por onde o levar o Senhor

Capítulo 18 .... **85**
Continua a tratar da mesma matéria e diz quanto os trabalhos dos contemplativos são maiores que os dos ativos. Estes últimos encontrarão muito alento no que será dito.

Capítulo 19 .... **90**
Principia a tratar da oração. Dirige-se às almas que não podem discorrer com o entendimento

Capítulo 20 .... **99**
Diz como, por diferentes vias, nunca deixa o Senhor de consolar neste caminho da oração. Aconselha às irmãs que tratem sempre disto em suas conversações.

Capítulo 21 .... **103**
Trata do muito que importa começar com resolução inquebrantável o caminho da oração e sem fazer caso dos obstáculos suscitados pelo demônio

Capítulo 22 .... **108**
Em que declara o que é oração mental

Capítulo 23 .... **112**
Trata da importância de não tornar atrás a quem principiou o caminho da oração. Insiste na suma necessidade de enveredar por ele de modo deveras resoluto

Capítulo 24 .... **115**
Trata de como se há de rezar com perfeição em voz alta, e como sempre anda junto a oração mental com a vocal

Capítulo 25 .... **118**
Em que diz quanto ganha a alma que, com perfeição, reza em voz alta, e como acontece ser elevada por Deus a coisas sobrenaturais

Capítulo 26 .... **120**
Em que declara o modo de recolher o pensamento. Dá meios para isto. É capítulo deveras proveitoso para os que principiam a orar

Capítulo 27 .... **125**
Em que trata do grande amor que nos testemunhou o Senhor nas primeiras palavras do Pai-nosso. Muito importa que nenhum caso façam da nobreza de linhagem aquelas que deverasquerem ser filhas de Deus.

Capítulo 28 .... **128**
Em que declara que coisa é oração de recolhimento e dá alguns meios para as almas a ela se acostumarem

Capítulo 29 .... **134**
Continua a sugerir meios para procurar esta oração de recolhimento. Declara que não devemos ter ambição de sermos favorecidos dos prelados

Capítulo 30 .... **138**
Diz quanto importa entender o que se pede na oração. Trata destas palavras do Pai-nosso: *Sanctificetur nomen tuum, adveniat regnum tuum*. Aplica-as à oração de quietação e principia a explicá-la

Capítulo 31 .... **142**
Prossegue a mesma matéria. Declara que coisa é oração de
quietação. Dá alguns avisos para os que a têm. É muito digno
de nota

Capítulo 32 .... **149**
Trata destas palavras do Pai-nosso: *Fiat voluntas tua, sicut
in coelo et in* terra, bem como do grande merecimento que
adquire quem as diz com total determinação. Ademais, trata
do quão bem lho paga o Senhor

Capítulo 33 .... **155**
Trata da grande necessidade de que nos dê o Senhor o que lhe
pedimos nestas palavras do Pai-nosso: O pão nosso de cada
dia nos dai hoje

Capítulo 34 .... **158**
Prossegue a mesma matéria. É de muita utilidade para depois
de haver recebido o santíssimo sacramento.

Capítulo 35 .... **165**
Termina a matéria principiada com uma
exclamação ao Pai eterno

Capítulo 36 .... **168**
Trata destas palavras do Pai-nosso: Perdoai-nos as nossas
dívidas

Capítulo 37 .... **174**
Da excelência desta oração do Pai-nosso e das consolações
que de muitos modos acharemos nela

Capítulo 38 .... **176**
Trata de quanto é necessário suplicar ao eterno Pai nos conceda
o que lhe pedimos nestas palavras: *Et ne nos inducas in
tentationem, sed libera nos a* malo. Declara algumas tentações.
É digno de nota

Capítulo 39 182
Prossegue a mesma matéria. Dá vários conselhos acerca de
diversas tentações e sugere remédios contra elas

Capítulo 40 185
Diz como, se procurarmos andar sempre com amor e temor
de Deus, caminharemos seguras por entre tantas tentações

Capítulo 41 189
Trata do temor de Deus, bem como das maneiras de nos
guardarmos dos pecados veniais

Capítulo 42 194
Em que trata das últimas palavras do Pai-nosso: *Sed libera
nos a malo. Amen*. Mas livrai-nos do mal. Amém.

Livro chamado
Caminho de perfeição

Composto por Teresa de Jesus

Monja da Ordem de Nossa Senhora do Carmo
Destina-se às Monjas Descalças de Nossa Senhora do Carmo,
da regra primitiva[1].
Argumento geral deste livro

JHS

Contém este livro avisos e conselhos que dá Teresa de Jesus às religiosas, filhas e irmãs suas, dos mosteiros da regra primitiva de Nossa Senhora do Carmo, os quais têm fundado com a proteção de Nosso Senhor e da Gloriosa Virgem Mãe de Deus, Senhora Nossa. — Dirige-o mormente às irmãs do Mosteiro de São José de Ávila, que foi o primeiro e do qual era priora quando escreveu.

---

1. Este título foi escrito por Santa Teresa na primeira página do autógrafo de Valladolid, em que deu a forma definitiva ao *Caminho de perfeição*. Existe ainda na Biblioteca do Escorial o autógrafo da primeira redação, mais familiar e singela, da qual reproduzimos alguns trechos interessantes.

PROTESTAÇÃO[2]

Em tudo o que neste livro disser, sujeito-me ao que ensina a Santa Madre Igreja Romana, e se em algum ponto estiver contrário à sua doutrina, será por falta de saber – e assim, aos letrados que o hão de rever, peço, por amor de Nosso Senhor, que examinem com esmero e emendem qualquer erro que acharem nesta matéria, e em todas as outras. Se houver alguma coisa boa, seja para honra e glória de Deus e serviço de sua mãe sacratíssima, patrona e senhora nossa, de quem trago o hábito, embora muito indigna vesti-lo.

---

2. *Caminho de perfeição* foi a primeira obra de Santa Teresa que veio à luz. Mandou-a imprimir em Évora (Portugal) o arcebispo Dom Teotônio de Bragança, em 1583, um ano depois da morte da santa, a qual pusera no princípio do livro esta protestação de fé.

PRÓLOGO

JHS

1. Sabendo as irmãs deste Mosteiro de São José[3] que tinha eu licença do padre presentado Frei Domingos Báñez, da ordem do glorioso São Domingos, meu confessor atual, para escrever algumas coisas de oração em que talvez poderei acertar por haver tratado com muitas pessoas espirituais e santas, tanto me têm importunado para que lhes dê alguns avisos acerca deste assunto, que me determinei a obedecer-lhes. Poderá o grande amor que elas têm por mim tornar-lhes o que eu lhes disser, embora de modo imperfeito e com mau estilo, mais aceito do que alguns livros muito bem escritos, de quem os sabe escrever. Confio nas suas orações. Em atenção a elas, talvez se digne o Senhor de conceder-me graça para dizer alguma coisa conveniente ao modo e ao gênero de vida que se observa nesta casa. Se o não acertar, o padre presentado, que há de ver primeiro este livro, o corrigirá, ou queimará. Eu nada perderei em ter obedecido a estas servas de Deus, e elas verão o que posso por mim quando não me ajuda Sua Majestade.

2. Tenciono apontar aqui alguns remédios para certas tentações miúdas sugeridas pelo demônio, das quais talvez não façamos caso justamente por serem tão pequenas; e direi ainda outras coisas, conforme o Senhor mas der a entender e se me for delas lembrando. Como não sei o que vou dizer, não o posso determinar com acerto; e talvez seja melhor assim, já que é tão desacertado meter-me eu a escrever isto. Ponha o Senhor sua mão em tudo para que saia conforme a sua santa vontade,

---

3. O Convento de São José de Ávila, primeiro da Reforma.

pois são sempre estes os meus desejos, embora sejam as obras tão imperfeitas como eu mesma sou.

3. Sei que me não falta amor nem desejo de ajudar no que puder às minhas irmãs, a fim de que vão suas almas muito adiante no serviço do Senhor; e este amor, unido aos anos e à experiência que tenho de alguns mosteiros, poderá fazer-me atinar, nessas matérias miúdas, mais do que os letrados. Estes não fazem caso, por terem outras ocupações mais importantes, na condição de varões fortes, de certos pontos que em si parecem nada, e que a nós mulheres – como tão fracas – podem fazer grande mal. São numerosas, com efeito, as sutilezas do demônio para as que vivem muito encerradas, pois sabe que tem necessidade de novas armas para as perder. Eu, como miserável, não me tenho sabido defender; e quisera que minhas irmãs escarmentassem em mim. Nada direi que não tenha aprendido por experiência, quer em minha própria alma, quer por vê-lo em outras.

4. Mandaram-me, há pouco tempo, escrever certa relação de minha vida, na qual também tratei de algumas coisas de oração. Talvez não queira meu confessor que a vejais, e por este motivo repetirei aqui em parte o que lá deixei escrito, acrescentando outros pontos, em meu ver, necessários. O Senhor dirija tudo por sua mão, como lhe tenho suplicado, e o ordene para sua maior glória. Amém.

CAPÍTULO 1

Da causa que me moveu a fundar este mosteiro com tão estreita observância.

1. A princípio, quando se começou a tratar da fundação deste mosteiro pelas causas referidas no dito livro[4] – no qual também narro algumas grandes mercês do Senhor, que me dava a entender como havia de ser muito servido nesta casa –, não era minha intenção estabelecer tanta aspereza no exterior, nem fundar sem renda; antes, quisera que houvesse possibilidade para nada faltar. Agia como fraca e ruim, conquanto tivesse alguns bons intentos em vista, mais que o meu regalo.

2. Neste tempo chegaram à minha notícia as desgraças da França e os estragos que nela haviam feito os luteranos, bem como o quanto crescia esta desventurada seita. Deu-me grande aflição, e, como se pudesse ou valesse alguma coisa, chorava com o Senhor, suplicava que remediasse Ele tanto mal. Parecia-me que mil vidas daria eu para remédio de uma só alma das muitas que ali se perdiam. E, como me vi mulher, ruim e impossibilitada de trabalhar segundo meus desejos no serviço do Senhor, toda a minha ânsia era, e ainda é, que – pois Ele tem tantos inimigos e tão poucos amigos –, ao menos estes fossem bons, de modo que me determinei fazer este pouquinho a meu alcance, isto é: seguir os conselhos evangélicos com toda a perfeição que me fosse possível e procurar que estas pouquinhas aqui encerradas também o fizessem. Confiava na grande bondade de Deus, que nunca falta em ajudar a quem, por seu amor, se determina a deixar tudo. Sendo elas tais como as pintava

---

4. *Livro da vida*, p. 32-34.

em meus desejos, entre suas virtudes desapareceriam minhas faltas, e poderia eu contentar de algum modo ao Senhor. E, ocupadas todas em orações pelos que são defensores da Igreja, e pregadores e letrados que a sustentam, ajudaríamos no que pudéssemos a este Senhor meu tão atribulado por aqueles a quem tem feito tanto bem. Dir-se-ia que pretendem crucificá-lo uma vez mais, esses traidores, deixando-o sem ter onde reclinar a cabeça.

3. Ó redentor meu, não pode meu coração chegar aqui sem se afligir muito! Que é isto que se vê agora nos cristãos? Sempre hão de ser aqueles que mais vos devem os que mais vos fazem sofrer? Aqueles a quem maiores benefícios fazeis, aqueles a quem escolheis para vossos amigos, entre os quais andais e com os quais vos comunicais por meio dos sacramentos? Não estão ainda fartos com os tormentos que por eles padecestes?

4. Decerto, Senhor meu, nada faz quem agora se aparta do mundo; pois, se nele vos tratam com tão pouca lealdade, que podemos nós esperar? Merecemos, porventura, que nos correspondam melhor? Acaso maiores benefícios lhes fizemos para que nos guardem as leis da amizade? Que é isto? Que ainda esperamos do Senhor – nós, que, pela bondade dele, não fomos contaminados por essa ronha pestilencial? Quanto a eles, já pertencem ao demônio. Bom castigo têm ganho com suas próprias mãos, e bem granjeado têm, com seus deleites, fogo eterno. Lá se avenham, ainda que não se me deixe de partir o coração por ver como se perdem tantas almas. Quisera eu não ver mais perdas cada dia, e, ao menos, impedir em parte o mal.

5. Ó irmãs minhas em Cristo! Ajudai-me a isto suplicar ao Senhor que, para este fim, ajuntou-vos Ele aqui. Esta é a vossa vocação; estes hão de ser os vossos negócios; estes, os vossos desejos; aqui se empreguem as vossas lágrimas; sejam estas as vossas petições, e não, irmãs minhas, súplicas por negócios do mundo. Rio-me, e chego a afligir-me, de ver as coisas que certas pessoas nos vêm encarregar de pedir a Deus. Querem que lhes alcancemos de Sua Majestade rendas e dinheiro. E, não

raro, são pessoas que em meu ver deveriam antes implorar de Deus graça para calcar tudo aos pés. São bem-intencionadas, e, enfim, condescendemos com elas por ver sua devoção; mas tenho para mim que nestas matérias nunca me ouve o Senhor. O mundo está a incendiar-se; querem, por assim dizer, tornar a sentenciar a Cristo, pois lhe levantam mil falsos testemunhos; pretendem lançar por terra a sua Igreja; e havemos de gastar tempo em petições tais que, a serem ouvidas de Deus, teríamos, porventura, uma alma a menos no céu? Não, irmãs minhas, não é tempo de tratar com Deus negócios de pouca importância!

Por certo, se não fosse em atenção à fraqueza humana, tão amiga de ser ajudada em tudo – e justo é fazê-lo, quando está em nossas mãos – folgaria que se entendesse: não são essas as coisas que se hão de pedir a Deus com tanto empenho[5].

---

5. ...neste mosteiro de São José (Mosteiro do Escorial).

CAPÍTULO 2

Trata de como se devem as irmãs descuidar das
necessidades corporais, bem como do bem
que há na pobreza.

1. Não penseis, irmãs minhas, que, por não contentardes
às pessoas do mundo, vos venha a faltar de comer: asseguro-
-vos isto. Nunca pretendais sustentar-vos por artifícios humanos, pois, com razão, morrereis de fome. Os olhos em vosso
Esposo! Ele vos há de sustentar. Contente Ele de vós, aqueles
mesmos que vos forem menos dedicados, ainda que não queiram, dar-vos-ão de comer, como tendes visto por experiência.
E se, com este modo de agir, morrerdes de fome, bem-aventu-
radas as monjas de São José![6] Isto nunca vos saia da memória,
por amor de Deus; e, já que deixais a renda, deixai também
o cuidado da subsistência; do contrário, perdido tudo estará.
Aqueles que, por vontade do Senhor, têm rendimentos, cui-
dem, entretanto, pois é bem razoável, porquanto tal é sua vocação; mas em nosso meio, irmãs, é disparate.

2. Preocupação com rendas alheias, em meu parecer, seria
o mesmo que andar a pensar no que os mundanos gozam. Sim,
pois, com todas as vossas inquietações, não mudam os outros seus
pensamentos, tampouco cobram desejo de vos dar esmola. Deixai
esse cuidado àquele que pode mover a todos e é Senhor dos ricos
e das riquezas. Chamadas por Ele, aqui viemos; verdadeiras são as
suas palavras, porquanto não podem faltar: mais depressa passarão os céus e a terra[7]. Não lhe faltemos nós, e não tenhamos medo
de que Ele nos falte; e, se alguma vez faltar, será em vista de maior
bem. Assim permitia Ele que os santos perdessem a vida quando

---

6. E eu vos asseguro que então serão ouvidas as vossas orações, e co-
meçaremos a realizar o que pretendemos (Mosteiro do Escorial).
7. O céu e a terra passarão, mas as minhas palavras não passam (Mt 24,35).

eram mortos pelo seu nome; mas, permitia-o a fim de lhes aumentar a glória por meio do martírio. Boa troca seria acabar depressa com tudo, e gozarmos para sempre da fartura duradoura!

3. Olhai, irmãs, pois muito vos importa isto depois da minha morte, e por esta razão vo-lo deixo escrito; uma vez que, enquanto viver, sempre vo-lo repetirei em virtude da experiência que tenho do grande bem que aqui se encerra. Quanto menos há, mais descuidada estou; e o Senhor sabe que – segundo me parece – maior pena sinto quando nos sobeja muito, do que na falta do necessário. Não sei se é em parte porque já tenho visto como logo nos socorre o Senhor. O contrário seria enganar o mundo, e professar pobreza no exterior, sem tê-la no espírito. Pesar-me-ia na consciência, a modo de dizer; porque serieis como pessoas ricas que se pusessem a pedir esmola. Praza a Deus que assim não aconteça, porquanto, onde há esses cuidados demasiados de granjear, uma ou outra vez se podem deixar levar pelo costume, chegando, inclusive, a pedir aquilo de que não precisam, e, porventura, a pessoas mais necessitadas. Estas nada podem perder, senão ganhar, mas nós sairíamos perdendo. Não o permita Deus, filhas minhas; se isso houvesse de acontecer, antes quereria eu que tivésseis renda.

4. De nenhum modo se ocupe vosso pensamento em esmolas; isto vos peço por amor de Deus. E quando a mais pequenina de vós perceber que alguma vez assim acontece nesta casa, clame a Sua Majestade e lembre-o à maior[8]; com humildade, diga-lhe que vai errada, e tão errada que pouco a pouco se perderá da verdadeira pobreza. Espero no Senhor que não permitirá tal coisa, tampouco desemparará as suas servas. Se não prestar para nada isto que me haveis mandado escrever, ao menos neste ponto vos aproveite e sirva de despertador.

5. E crede-me, filhas minhas, para vosso proveito me tem dado o Senhor a entender um pouquinho dos grandes bens que há na santa pobreza. As que o experimentarem, entendê-lo-ão; mas, quiçá, não tanto quanto eu o entendo agora, sobretudo depois de ter sido não pobre de espírito, como o havia professado,

---

8. A priora.

senão louca de espírito. É um bem que encerra todos os bens do mundo[9]; é um grande senhorio. Sim, repito: quem nenhum caso faz de deixá-los, uma vez mais torna a assenhorear-se de todos eles. Que me importa os reis e os senhores se não cobiço suas rendas, tampouco os quero contentar, se, para isto, for mister descontentar na mínima coisa a Deus? Da mesma forma: que me importa por eles ser honrada se estou convencida de que, para um pobre, a maior honra consiste em ser, de fato, pobre?

6. Tenho para mim que honras e dinheiros quase sempre andam juntos: quem deseja as honras não aborrece o dinheiro, e quem o aborrece, pouco se lhe dá das honras. Entenda-se isto bem, pois – segundo me parece – o desejo das honras anda sempre acompanhado de algum interesse de ter rendas e fortuna. Com efeito, de quando em vez se honra no mundo a quem é pobre; antes, pelo contrário, ainda que mereça ser honrado, é tido em baixa conta. A verdadeira pobreza traz consigo uma dignidade que se impõe a todos. Sim, a pobreza, abraçada tão somente por amor de Deus, não anela por contentar a mais ninguém senão a Ele; e é coisa deveras certa que, por não haver necessidade, surgem logo muitos amigos. Tenho disto boa experiência.

7. Quanto se tem escrito acerca desta virtude! Como não o saberei entender, e ainda menos exprimir, nada mais direi dela, para a não agravar com meus louvores. Apenas referi o que tenho visto por experiência, e, confesso, fiquei tão embebida que até agora nem reparei no que escrevia. Mas, enfim, está dito; e uma coisa vos peço por amor de Deus: já que as nossas armas são as da santa pobreza – a qual, no princípio da fundação de nossa ordem, era tão estimada e praticada por nossos Santos Padres, que, segundo me disse quem o sabe, não guardavam coisa alguma de um dia para o outro –, procuremos nós tê-la no coração, conquanto no exterior não haja tanta austeridade. Duas

---

9. Creio até que a pobreza contém em si grande parte dos bens de todas as outras virtudes. Isto não afirmo positivamente, porque ignoro o valor de cada uma, e não gosto de dizer o que não tenho certeza de entender. Contudo tenho para mim que a pobreza abraça muitas virtudes (Mosteiro do Escorial).

horas temos de vida; imenso é o prêmio; e, quando outro não houvesse senão cumprir o que nos aconselhou o Senhor, grande paga seria o imitar em alguma coisa a Sua Majestade.

8. Estas armas hão de ter nossas bandeiras! De todos os modos queiramos ser pobres: na casa, nos vestidos, nas palavras e muito mais no pensamento. E, enquanto isto fizerdes, não tenhais medo, com o favor de Deus, que haja decadência na religião desta casa, pois, como dizia Santa Clara, grandes muros são os da pobreza. Com estes e com os da humildade queria ela cercar os seus mosteiros, segundo afirmava; e, com efeito, se em verdade guardardes estas virtudes, ficará a honestidade, assim como tudo o mais, muito mais bem fortalecida do que mediante os mais suntuosos edifícios. Destes, rogo-vos, pelo amor de Deus e pelo seu sangue, que fujais sempre; e, se posso dizê-lo em consciência, digo: tornem a cair no dia em que os fizerdes![10]

9. Muito mal parece, filhas minhas, que se façam grandes edifícios com a fazenda dos pobrezinhos. Deus não o permita! Seja tudo pobre e pequenino. Pareçamo-nos de algum modo com o nosso Rei, que não teve casa senão o portal de Belém onde nasceu e a cruz onde morreu. Casas eram estas nas quais pouca recreação podia haver. Os que as fazem grandes, lá se avenham; terão outros intentos santos; mas, para treze pobrezinhas, qualquer lugarejo basta. Se tiverem campo com algumas ermidas para se retirarem a orar[11], está bem; tal é imprescindível, em razão do muito encerramento em que vivem, e até favorece a oração e devoção; mas edifícios e casas grandes e bem lavradas, nunca! Deus nos livre! Lembrai-vos sempre de que há de cair tudo no dia do juízo. E, quem sabe, será em breve?

10. Já não sei o que tinha começado a dizer; embebi-me noutros assuntos, mas creio assim o quis o Senhor, pois nunca pensei em escrever o que deixei dito. Sua Majestade nos tenha sempre de sua mão, para que disto jamais nos apartemos. Amém.

---

10. ...matando a todas (Mosteiro do Escorial).
11. Dentro dos jardins ou cercas de seus conventos, gostava a santa de ter ermidas nas quais se retirava a orar.

CAPÍTULO 3

Prossegue a matéria que principiou a tratar no primeiro capítulo, e persuade às irmãs que se ocupem sempre em suplicar a Deus que favoreça os ministros da Igreja. Acaba com uma exclamação.

1. Torno ao principal fim para o qual o Senhor nos juntou nesta casa e pelo qual desejo muito que tenhamos algum valor para contentar a Sua Majestade. Ao ver tantas desgraças e compreendendo que forças humanas não bastam para atalhar o fogo ateado por esses hereges, que sempre se alastra, conquanto se pretendera reunir gente para, à mão armada, remediar tão grande mal, pareceu-me necessário fazer à semelhança do soberano que, em apuros por terem-lhe os inimigos invadido toda uma região, recolhe-se a uma cidade que faz muito bem fortificar. Dali acontece, de tempos a tempos, fazer sortidas e dar sobre os contrários, de modo que são tais os que estão na cidadela, e gente tão escolhida, que podem mais eles só do que poderiam com muitos soldados se fossem covardes. Desta maneira muitas vezes ganham vitória; ao menos, se não ganham, não são vencidos; pois, desde que não haja traidor, ninguém os pode sujeitar, a não ser por fome. Em nosso caso não pode haver tal fome que obrigue a guarnição a render-se; a morrer, sim, porém não a ficar vencida.

2. Mas para que vos digo isto? Para vos dar a entender, irmãs minhas, qual há de ser o fim das nossas orações. Havemos de pedir a Deus que neste castelejo, já existente e guarnecido de bons cristãos, nenhum se passe para os contrários; e os capitães deste castelo ou cidade, isto é, os pregadores e teólogos, sejam muito assinalados no caminho do Senhor; e, pois na maior parte pertencem às ordens religiosas, suplicai que vão muito adiante

24

na perfeição própria de seu estado. É o que importa em extremo, porquanto, repito, não nos há de valer o braço secular[12], e sim o eclesiástico; e, já que nada valemos – nem perante um, nem perante outro – para defender o nosso Rei, procuremos ser tais que nossas orações tenham poder para ajudar a esses servos de Deus que, à custa de tantos trabalhos, se têm fortalecido com letras e santa vida e se empregam em combater agora pelo Senhor.

3. Podereis perguntar-me qual a razão de minha insistência em dizer que havemos de ajudar aos que são melhores do que nós? Eu vo-lo explicarei, pois, creio, ainda não entendeis bem o muito que deveis ao Senhor por vos ter trazido a esta casa onde estais tão livres de negócios, ocasiões e tratos. É imensa esta mercê. Do mesmo modo não se dá com aqueles de quem discorro; nem conviria que assim fosse – nestes tempos ainda menos do que noutros –, porque a eles pertence o esforçar a gente fraca e o infundir ânimo aos pequenos. Que seria dos soldados sem capitães! Veem-se estes obrigados a viver entre os homens, a tratar com os homens, a estar nos palácios, e ainda, uma vez por outra, a conformar-se com os mundanos no exterior. E julgais, filhas minhas, que é preciso pouca virtude para tratar com o mundo e nele viver, e envolver-se nos negócios do mundo, e adaptar-se, como digo, à conversação do mundo, e ser, no interior, estranhos ao mundo e dele inimigos, bem como nele viver como quem está desterrado? Em uma palavra: não ser homens, senão anjos? Com efeito, se assim não forem, nem sequer merecem o nome de capitães, tampouco permita o Senhor que saiam de suas celas, pois fariam mais dano do que proveito, porque não é tempo agora de se verem imperfeições nos que devem ensinar.

4. Se no interior não estiverem bem fortalecidos, entendendo quanto lhes importa calcar tudo debaixo dos pés e viver desapegados das coisas que se acabam e abraçados às eternas, por mais que o queiram encobrir, hão de deixá-lo transparecer.

---

12. O poder civil.

Não tratam eles com o mundo? Estejam certos de que nada lhes perdoará, nem deixará de perceber imperfeição alguma. De muitas obras virtuosas não farão caso os mundanos, e talvez nem as tenham nesta conta; porém faltas ou imperfeições, não tenhais receio de que as deixem passar. Causa-me espanto: quem lhes ensina a perfeição? Não para praticá-la – pois lhes parece que disto nenhuma obrigação têm, e muito fazem se ao menos guardam os mandamentos o bastante –, senão para tudo condenar, e até por vezes considerar regalo o que é virtude. Não penseis, portanto, que seja mister pouco favor de Deus para esta grande batalha em que estão metidos; pelo contrário, precisam de demasiado socorro.

5. Para estas duas coisas, vos peço eu, procuremos ser tais que as mereçamos alcançar de Deus. Uma é: que entre os inúmeros letrados e religiosos atuais haja muitos que tenham as qualidades necessárias à luta, como ficou dito, e os menos bem-dotados os disponha o Senhor, pois mais fará um perfeito do que muitos que o não sejam. A outra: que, uma vez metidos nesta peleja – que, repito, não é pequena –, os tenha o Senhor da sua mão, para poderem livrar-se de tantos perigos como há no mundo e tapar os ouvidos ao canto das sereias neste proceloso mar. E se para isto tivermos algum valimento junto de Deus, por estarmos encerradas, pelejamos por Ele; e darei por muito bem empregados os trabalhos que tenho passado para fazer este lugarejo[13], onde também pretendi se guardasse com a perfeição dos tempos primitivos a regra de nossa imperatriz e senhora.

6. Não julgueis inútil perseverar de contínuo nesta petição. Sim, porque a certas pessoas parece duro não rezar muito por sua alma; mas haverá oração melhor que esta? Se tendes receio de que não se vos descontem as penas do purgatório, sabei: também por este meio vos serão descontadas; e o que ainda faltar, falte. Que importa ficar eu no purgatório até o dia do juízo se, pela minha oração, salvar-se uma só alma? Quanto

---

13. O Convento de São José, de Ávila.

mais a tratar-se do proveito de muitas e da honra do Senhor! De penas que depressa se acabam, não façais caso, quando tiverdes em vista o maior serviço daquele que tanto sofreu por nós; informai-vos sempre do que é mais perfeito. Assim é que vos peço por amor de Deus: rogai a Sua Majestade que neste ponto nos atenda. Quanto a mim, ainda que miserável, faço a mesma súplica, pois é para glória sua e bem da sua Igreja, e é este o único alvo de meus desejos.

7. Parece atrevimento pensar eu em contribuir de algum modo para alcançar isto; mas confio, Senhor meu, nestas vossas servas que aqui estão, pois sei que nada querem nem pretendem senão contentar-vos. Por vós deixaram o pouco que tinham; e desejariam ter muito mais para sacrificar por vosso amor. Porquanto, criador meu, não sois ingrato, não me posso convencer de que deixaríeis de atender às suas súplicas; nem aborrecestes, Senhor, as mulheres quando andastes no mundo; antes, sempre as favorecíeis com muita piedade. Quando vos pedirmos honras, ou rendimentos, ou dinheiro, ou coisa que saiba a mundo, não nos ouças; mas, para glória de vosso Filho, por que não haveis de ouvir, ó Pai eterno, a quem por vós perderia mil honras e mil vidas? Não em atenção a nós, Senhor, que não o merecemos, mas pelo sangue de vosso Filho e pelos seus merecimentos!

8. Ó eterno Pai! Vede que não podeis olvidar tantos açoites e injúrias e tão graves suplícios! Como, pois, criador meu, podem umas entranhas tão amorosas como as vossas tolerar que o santíssimo sacramento, instituído por vosso Filho com amor tão ardente e para mais render glória a Vós que lhe destes preceito de nos amar, seja tão pouco estimado hoje em dia por esses hereges que lhe tiram suas pousadas ao destruir as igrejas? Ainda se Ele houvesse deixado de fazer alguma coisa para vos agradar! Mas, pelo contrário: tudo fez por inteiro. Não foi o bastante, Pai eterno, não ter Ele onde reclinar a cabeça enquanto viveu, e sempre no meio de tantos trabalhos? Ainda lhe querem agora tirar as casas que tem para banquetear seus

amigos, por nos ver fracos e saber quão necessário é que deste manjar se sustentem os que hão de trabalhar? Já não havia Ele satisfeito por completo o pecado de Adão? Todas as vezes que tornamos a delinquir, sempre o há de pagar este amicíssimo cordeiro? Não o permitais, Imperador meu! Aplaque-se já Vossa Majestade! Não olheis para nossos pecados, mas para vosso sacratíssimo Filho que nos remiu, bem como para seus merecimentos e os de sua gloriosa Mãe, para os de tantos santos e mártires que por Vós têm dado a vida!

9. Ai de mim, Senhor! e quem se atreveu a fazer esta petição em nome de todas? Que má terceira[14], filhas minhas, para apresentar a vossa súplica e vos alcançar despacho! Não se há de mais indignar este soberano juiz ao verme tão atrevido – e com toda a razão e justiça? Mas olhai, Senhor, que sois Deus de misericórdia, e usai dela com esta pequenina pecadora, com este miúdo verme que se atreve a tratar convosco! Olhai, Deus meu, para os meus desejos e para as lágrimas com que vos faço esta súplica! Esquecei-vos das minhas obras, por quem sois! Tende lástima de tantas almas que se perdem e favorecei a vossa Igreja! Não permitais já semelhantes danos na cristandade, Senhor; dai luz sem tardança a estas trevas!

10. Peço-vos, irmãs minhas, por amor de Deus, que encomendeis a Sua Majestade esta pobrezinha e lhe alcanceis humildade, pois disto tendes obrigação. Não vos recomendo em particular os reis e os prelados da Igreja, em especial o nosso bispo[15], porquanto vejo as religiosas atuais tão cuidadosas neste ponto que inútil me parece insistir. Quanto às que vierem depois, vejam bem, por terem santo prelado, também o serão as súditas. Como coisa tão importante, ponde-a sempre diante do Senhor; e quando vossas orações, e desejos, e disciplinas, e jejuns não se empregarem no que deixei dito, ficai certas de que não realizais, nem cumpris o fim para o qual vos ajuntou aqui o Senhor.

---

14. Medianeira.
15. Dom Álvaro de Mendoza, bispo de Ávila.

CAPÍTULO 4

Em que persuade às irmãs que guardem a regra.
Três coisas importantes para a vida espiritual.
Declara a primeira destas três coisas, que é o amor
do próximo, e discorre acerca dos perigos das
amizades particulares.

1. Já tendes visto, filhas, a grande empresa que pretendemos levar a termo. Que deveremos ser aos olhos de Deus e do mundo para que nos não tenham por muito atrevidas? Claro está que nos é necessário trabalhar com afinco; e muito ajuda ter altos pensamentos para nos esforçarmos a que o sejam também as obras. Se procurarmos com o máximo cuidado observar com perfeição as nossas regras e constituições, do Senhor espero que admitirá os nossos rogos. Sim, não vos peço novidades, filhas minhas, senão que guardemos o que professamos, pois é nossa vocação e a isto estamos obrigadas; conquanto possa haver grande diferença entre guardar e guardar[16].

2. Diz nossa regra primitiva que oremos sem cessar. Se cumprirmos este ponto, que é o mais importante, com todo o cuidado que estiver em nossas mãos, não deixaremos de observar os jejuns e disciplinas, assim como o silêncio que manda a ordem; pois já sabeis que a oração, para ser verdadeira, se há de valer de tudo isto. Oração e vida regalada são dois contrários.

3. Foi nesta matéria da oração que me pedistes alguns conselhos. Em paga do que vos disser, peço-vos que observeis e leiais muitas vezes de boa vontade o que tenho escrito até agora. Antes, porém, de referir-me ao interior, isto é, à oração, direi às que pretendem ir por este caminho algumas coisas necessárias, e tão necessárias que, se as tiverdes, ainda que não

---

16. Quer dizer que pode haver diversos graus de fervor e fidelidade no modo de guardar a regra.

sejais muito contemplativas, podereis adiantar-vos com rapidez no serviço do Senhor; se, pelo contrário, vos descuidardes delas, é impossível serdes grandes contemplativas, e quando vos tiverdes nesta conta, estareis deveras enganadas. O Senhor me dê seu favor para isto e me ensine o que devo dizer, a fim de que seja para sua glória. Amém.

4. Não penseis, amigas e irmãs minhas, que serão muitas as coisas que recomendarei. Praza ao Senhor observemos as que foram ordenadas e cumpridas por nossos santos padres, pois por este caminho mereceram tal nome. Seria erro buscar outro ou aprendê-lo de alguém. Estender-me-ei tão somente em declarar-vos três, que são das mesmas constituições; porquanto muito importa entendermos o imenso proveito que nos virá da sua observância, para alcançarmos, interior e exteriormente, a paz tão recomendada pelo Senhor. A primeira é o amor de umas para com outras; a segunda, o desapego de tudo quanto foi criado; a terceira, a verdadeira humildade; e esta, embora mencionada por último, é a principal e abraça as outras duas.

5. Quanto à primeira, que é amar-vos muito umas às outras, tem suma importância porque, entre os que se amam, não há coisa desagradável que não se releve com facilidade; é preciso motivo muito grave para ocasionar discórdia. Se este mandamento fosse cumprido no mundo como é razão, creio que muito contribuiria para se observarem os demais. Acontece, porém, que, ora por excesso, ora por defeito, nunca chegamos a guardá-lo com demasiada perfeição. Parece à primeira vista que entre nós não pode ser prejudicial a demasia; entretanto, acarreta tantos males e imperfeições, que só o crerá, penso eu, quem tiver sido testemunha ocular. Daqui, toma o demônio ocasião de armar muitos ardis os quais, para uma consciência pouco cuidadosa de contentar a Deus, passam despercebidos e chegam a parecer virtude; mas, para uma alma que trata de perfeição, logo são manifestos porque aos poucos enfraquecem a vontade e a tornam incapaz de se empregar de todo em amar a Deus.

6. Nas mulheres julgo ser isto ainda mais comum do que nos homens, e traz danos muito notórios à comunidade. Daqui

nasce o não se amarem tanto umas às outras, em geral; o sentir o agravo feito à amiga; o desejar ter pequenos regalos para ela; o buscar tempo para lhe dizer – e, muitas vezes, mais para dizer o quanto lhe quer bem e outras coisas impertinentes do que o muito que ama a Deus. De fato, essas grandes amizades poucas vezes têm por fim a ajuda mútua para crescer no amor divino; antes, persuado-me de que o demônio as faz começar para introduzir bandos nas religiões. Quando visam ao serviço de Sua Majestade, logo se conhece, porque a vontade não se deixa levar pela paixão; pelo contrário, procura auxílio para vencer outras paixões.

7. Destas amizades santas quisera eu muitas nas numerosas comunidades; mas nesta casa, onde não são nem hão de ser mais de treze[17], todas devem ser amigas, todas se hão de amar, todas se hão de querer, todas se hão de ajudar; e, pelo amor de Deus, guardem-se destas particularidades, por santas que lhes pareçam, porquanto, ainda entre irmãos[18], costumam ser peçonha. Nenhum proveito vejo nisto, e se há parentesco, pior ainda: é verdadeira peste. E crede-me, irmãs, ainda que esta recomendação vos pareça exagerada, encerra grande perfeição e suma paz, e livra de muitas ocasiões as que não estão muito fortes. Quando sentirdes vossa vontade inclinar-se mais a uma irmã do que a outra – o que não pode deixar de acontecer, pois é pendor da natureza que amiúde nos leva a amar o pior se tem mais atrativos humanos –, resisti com fortitude e não vos deixeis dominar por semelhante afeição. Amemos as virtudes e o bom espírito, e andemos acauteladas, a fugir sempre de fazer caso do exterior.

8. Não consintamos, ó irmãs, que a nossa vontade seja escrava senão daquele que a comprou com o seu sangue. Andai de sobreaviso, pois, sem saber como, vos achareis apegadas e não vos podereis livrar. Oh! valha-me Deus! que ninharias intermináveis daqui se originam! E visto serem tão miúdas, só quem as vê as entenderá e acreditará que não vale a pena mencioná-las

---

17. Mais tarde ficou determinado que haveria vinte em cada mosteiro.
18. Se duvidais, vede o que aconteceu a José do Egito (Mosteiro do Escorial).

aqui. Direi apenas que em qualquer religiosa será mau, e, na prelada, verdadeira peste[19].

9. Em atalhar estas parcialidades é necessário grande cuidado desde o princípio, quando aos poucos se forma a amizade; e isto mais com amor e jeito do que com rigor. Para o conseguir é grande meio não estarem juntas as irmãs fora das horas determinadas, e não conversem entre si, conforme o costume que ora observamos, e é não estarem reunidas, senão cada uma separada em sua cela, como ordena a regra. Livrem-se, neste convento de São José, de ter casa de lavor[20], porquanto, embora seja uso louvável, com maior facilidade se guarda o silêncio ao estar cada uma por si só. Habituar-se à soledade é grande coisa para a oração; e, pois sobre esta base devem assentar-se os alicerces deste mosteiro[21], é necessário por todos os meios afeiçoarmo-nos ao que mais a favorece.

10. Tornemos ao amor que devemos ter umas às outras. Parece escusado recomendá-lo. Com efeito, como imaginar pessoas tão grosseiras que, vivendo sempre juntas em estreita companhia, sem outra convivência, outros tratos, ou recreações fora de casa com estranhos, não se cobrem de mútuo amor? Ainda com mais razão entre nós, pois cremos que Deus ama as nossas irmãs e elas o amam, visto terem deixado tudo por Sua Majestade. A virtude, já por si, convida a ser amada, e esta, com o favor de Deus, espero em Sua Majestade, sempre haverá nas religiosas desta casa. Não me parece, pois, necessário insistir em demasia neste ponto.

---

19. As ninharias que nascem daqui são inumeráveis, em meu ver; para não divulgar tantas fraquezas de mulheres e não ensinar às que o não sabem, não as quero contar por miúdo. Asseguro-vos, porém, que algumas vezes me espantavam. Neste ponto, pela bondade de Deus, nunca me senti muito apegada, talvez por ter apegos a coisas piores. Mas, como digo, por amiúde ter visto nalguns mosteiros essas fraquezas, receio que existam na maior parte deles. Em qualquer religiosa, prejudica demasiado a inteira observância religiosa e a perfeição; e na prelada – torno-vos a dizer – seria verdadeira peste (Mosteiro do Escorial).
20. Oficina para o trabalho manual em comum.
21. E para isto nos reunimos (Mosteiro do Escorial).

11. Mas de que modo se hão de amar? Que coisa é o amor virtuoso que eu desejo ver aqui, e como saberemos se detemos virtude, que é bem grande, pois Nosso Senhor tão encarecidamente a recomendou a seus apóstolos e a todos os homens? Eis o que eu gostaria de explicar um pouquinho agora, conforme a minha rudeza. Se noutros livros o encontrardes com as mesmas minúcias, nada tomeis de mim, que porventura não sei o que digo.

12. De duas espécies de amor quero tratar. Um é tão espiritual que parece isento por completo de qualquer sensualidade ou ternura da natureza que o torne menos puro. O outro é espiritual, porém acompanhado de nossa sensibilidade e fraqueza; contudo, é amor bom e lícito, semelhante ao dos parentes e amigos. Deste já ficou dito algo.

13. Quero discorrer agora acerca do que é tão somente espiritual, sem mistura de paixão alguma, porquanto, por haver alguma paixão, logo toda a harmonia se altera em discordância; e, se discreta e moderadamente tratardes com pessoas virtuosas, mormente com confessores, tirareis proveito espiritual. Se, porém, no confessor perceberdes tendência a alguma vaidade, tende tudo por suspeito e de nenhum modo alimenteis conversações com ele, por boas que sejam. Fazei com brevidade vossa confissão e retirai-vos. E o melhor seria dizer à prelada que não encontrais proveito para a vossa alma e precisais mudar de confessor. Isto é o mais acertado, quando se pode fazer sem lhe tocar na honra[22].

---

22. Quando nos portamos com prudência e moderação nas afeições que não são de todo espirituais, tudo se torna meritório, e o que nos parece vir da natureza se transforma em virtude. Acontece, porém, algumas vezes, misturar-se de tal modo o espiritual e o natural, que não há quem o entenda, sobretudo se é em relação ao confessor. Com efeito, as pessoas que tratam de oração, quando veem que este é santo e as compreende bem, cobram-lhe muita amizade. De imediato as assalta o demônio com grande bateria de escrúpulos que não pouco lhes desassossegam a alma; e é isto mesmo que ele quer, em especial quando se trata de confissão que as faça progredir na perfeição. Veem-se aperta-

14. Quando não se sabe que resolução tomar, nestes casos difíceis e noutros semelhantes em que o demônio poderia armar ardis, o mais prudente é conversar com algum padre que tenha letras – pois, por haver necessidade, é permitido –, e confessar-se com ele a fim de seguir a direção que der; porquanto é preciso lançar mão de algum remédio e, ao agir de outro modo, poder-se-ia errar muito. E quantos erros se cometem no mundo por falta de tomar conselho nas ocasiões, mormente quando se

---

das com tantos temores que, por fim, abandonam o confessor; e depois outro, e ainda outro, sempre atormentadas por aquela tentação. O melhor, neste caso, é não se porem a examinar se querem ou não querem bem. Se quiserem, queiram! Com efeito, se cobramos amor a quem nos faz algum benefício ao corpo, por que não havemos de querer a quem sempre se esforça e trabalha por fazer benefícios à alma? Tenho até por grande ajuda para progredir consideravelmente no espírito essa afeição ao confessor, quando é santo e espiritual e se interessa deveras pelo adiantamento da alma; porque é tão grande a nossa fraqueza, que isto algumas vezes contribui não pouco para realizarmos obras magníficas no serviço de Deus. Quando, porém, o confessor não é tal como deve ser, aí está o perigo; e, se ele entender que é estimado, poderá ser causa de inconvenientes demasiado graves nos mosteiros de estreita clausura, e muito mais que nos outros. E, como é difícil saber se tem todas as qualidades, é mister andar de sobreaviso e com grande cautela. O melhor é não lhe dar a entender nem lhe descobrir a nossa afeição. Verdade é que o demônio tiraniza as almas e não as deixa calar, porquanto imaginam que é justamente disso que se devem acusar e, portanto, estão obrigadas a dizê-lo. Por esta razão quisera eu que se persuadissem bem de que nenhum mal existe nisso e não fizessem caso. Tomai este conselho: se virdes que todas as práticas do confessor visam ao aproveitamento da alma; se não perceberdes nele qualquer vaidade – e logo o entendereis se não quiserdes fazer-vos de bobas – enfim, se reconhecerdes que é temente a Deus, não vos deixeis afligir por escrúpulos e temores acerca da vossa muita afeição. O demônio, afinal, ficará cansado e vos deixará em paz. Se, pelo contrário, perceberdes qualquer tendência à vaidade nas palavras do confessor, tende tudo por suspeito, e de nenhum modo vos detenhais com ele, nem mesmo para conversar a respeito de Deus e de assuntos de oração. Confessai-vos com brevidade e despedi-vos. O melhor seria dizer à madre priora que vossa alma não se sente bem com ele, e mudar de confessor. Isto é o mais acertado, se puder ser feito, e, espero em Deus, sempre será possível. Em seguida, fazei o que estiver em vossas mãos para não mais lhe comunicar, ainda que ele o sinta como a própria morte (Mosteiro do Escorial).

trata de prejudicar alguém! Deixar de empregar algum meio é impossível, pois o demônio, quando começa por este lado, vai longe, caso não se lhe obste de pronto. O mais acertado é, pois, como já disse, procurar tratar com outro confessor, se houver possibilidade, e espero, no Senhor, que haverá sempre.

15. Vede que este ponto é de suma importância: é coisa perigosa, é um inferno, uma ocasião de ruína para todas. E recomendo-vos que não aguardeis até entender que o mal é demasiado: logo desde o princípio atalhai-o por todos os modos possíveis e convenientes. Com boa consciência o podeis fazer. Espero, porém, que não há de permitir o Senhor que pessoas sempre ocupadas em oração empreguem seus afetos senão em quem for muito servo de Deus. Isto é indubitável; ou, então, é certo não terem a oração nem a perfeição a que se aspira nesta casa. Com efeito, se virdes que o confessor não entende a vossa linguagem nem é afeiçoado a tratar de Deus, não o podereis amar, porquanto não será semelhante a vós. Se o for, com as raras ocasiões que aqui haverá, ou será muito simplório ou não há de querer inquietar a si mesmo e a estas servas de Deus.

16. Já que principiei a discorrer deste ponto no qual o demônio pode fazer grande dano, direi ainda que é preciso muito tempo para descobrir o mal. Deste modo, pode-se aos poucos estragar a perfeição sem saber ao certo como, tampouco por onde; pois o confessor, se quer dar entrada às vaidades de que está cheio, fará considerar tudo como ninharias, mesmo em relação às outras. Deus nos livre, por quem Sua Majestade é, de semelhantes coisas! Seria o bastante para perturbar todas as monjas; porquanto a consciência lhes diz o contrário do que diz o confessor; e, quando se veem obrigadas a ter um só, não sabem o que fazer, nem como se tranquilizar, pois de quem lhes devia proceder paz e remédio é que provém o dano. Sobejarão aflições como essas nalgumas partes, o que me causa grande lástima; e por isso não vos admireis de que eu insista muito em vos pôr de sobreaviso contra este perigo[23].

---

23. Tenho visto em certos mosteiros grandes aflições nesta matéria, porém não no meu (Mosteiro do Escorial).

CAPÍTULO 5

Continua a discorrer acerca dos confessores.
Diz quanto importa que sejam letrados.

1. A nenhuma religiosa desta casa dê o Senhor a provar, por quem Sua Majestade é, a angústia de se ver oprimida na alma e no corpo, como ficou dito. Se a prelada está tão bem com o confessor a ponto de as irmãs não ousarem dizer coisa alguma dela a ele, nem dele a ela, logo lhes vem a tentação de deixar de confessar pecados muito graves por receio de algum desassossego. Oh! valha-me Deus! que dano pode fazer aqui o demônio! Quão caro lhes custa a disciplina e a honra! Imaginam que, se todas tratarem com um só confessor, o mosteiro granjeará muita fama de observância e religião; e, entretanto, é por esse mesmo caminho que o demônio intenta colher as almas, visto não achar outra entrada. Se pedem outro confessor, logo parece que vai por água abaixo a disciplina da casa; e se não é da ordem, ainda que seja santo, dir-se-ia que é fazer afronta a toda a comunidade[24].

2. Peço esta santa liberdade[25], por amor do Senhor, àquela que estiver na condição de priora; procure ela manter sempre, caso consiga do bispo ou provincial, licença para ela e suas monjas algumas vezes tratarem e comunicarem as coisas da alma com pessoas que tenham letras, fora dos confessores ordinários, mormente se estes, embora muito bons, não as tiverem. Grande vantagem é a ciência para dar luz em tudo. Possível será achar virtudes e, ao mesmo tempo, letras, em algumas

---

24. Ainda que fosse um São Jerônimo, dir-se-ia que fazem afronta à Ordem em peso (Mosteiro do Escorial).
25. De recorrer a confessores doutos.

pessoas; e quanto mais mercês espirituais vos fizer o Senhor, mais necessidade tendes de que vossas obras e vossa oração tenham sólidos fundamentos.

3. Já sabeis que a primeira pedra deste edifício há de ser a boa consciência; com todas as vossas forças vos haveis de livrar dos pecados, até mesmo dos veniais, e seguir o mais perfeito. Parecerá que isto qualquer confessor sabe, mas que engano! A mim aconteceu tratar assuntos de consciência com um que havia feito todo o curso de teologia, e, entretanto, me fez demasiado mal, dizendo-me que certas faltas não tinham importância. E sei que não pretendia enganar-me, nem tinha interesse nisto, porém, mais não sabia. E com outros dois ou três aconteceu-me do mesmo modo.

4. Esse deter a verdadeira luz para, com perfeição, guardar a lei de Deus, é o nosso maior bem: é a base na qual assenta de maneira adequada a oração. Tirai este forte alicerce e logo estará em falso todo o edifício; e é o que vos acontecerá se não vos derem liberdade para vos confessardes e tratardes as coisas da alma com as pessoas eminentes que mencionei. Atrevo-me a dizer mais: ainda que o confessor tenha todas as qualidades, fazei algumas vezes o que digo, porquanto pode enganar-se, e não convém enganarem-se todas por causa dele. Procurai sempre não dar passo contra a obediência, pois para tudo há meios. Muito valor tem uma alma, e cumpre por todos os modos possíveis buscar o seu progresso.

5. Todos estes avisos dizem respeito à prelada; e assim lhe torno a pedir que nisto procure consolar as irmãs, pois aqui não se pretende outra consolação a não ser a do espírito. Os caminhos por onde Deus leva as almas são diversos, e é forçoso reconhecer que um só confessor não os há de saber todos. Asseguro-vos que apesar de vossa pobreza não faltarão pessoas santas que vos queiram atender e consolar se fordes tais como deveis ser; porque o próprio Senhor que sustenta vossos corpos saberá suscitar e dispor de maneira favorável a quem de boa vontade dê luz às vossas almas. Assim ficará remediado

este mal, que me inspira tanto receio, visto que ainda quando o demônio tentasse enganar em matéria de doutrina o confessor, este, por saber que outros são consultados, andará com mais cautela e pesará melhor tudo o que faz.

Se tirarmos do inimigo esta entrada, ele nunca a terá neste mosteiro, espero em Deus; e assim peço, pelo amor do Senhor, ao bispo que for em qualquer tempo nosso prelado, que deixe e conserve a sobredita liberdade às irmãs[26], quando se tratar de homens eminentes dotados de ciência e virtude, o que logo se entende num lugar tão pequeno como o nosso[27].

6. Tudo isto que acabo de dizer, tenho-o visto, compreendido e também consultado com pessoas doutas e santas empenhadas em estudar o que mais convém ao progresso e perfeição desta casa. Ora, entre os vários perigos – que sempre há enquanto vivemos –, achamos ser este[28] o menor. Estabeleceu-se também que jamais haverá vigário com direito para entrar e sair, tampouco confessor que tenha tal liberdade. Sirvam para zelar pelo recolhimento e pela honestidade da casa, bem como pelo progresso espiritual e material, avisando ao prelado quando houver falta; mas nenhum deles seja superior.

7. É o que agora se observa – e não só em virtude de meu parecer. De fato, nosso bispo atual, Dom Álvaro de Mendoza – ao qual prestamos obediência, pois, por muitas causas, não

---

26. E este esteja seguro, com o favor de Deus, de que terá boas súditas (Mosteiro do Escorial).
27. Quando forem tais que tenham letras e santidade – e é fácil de entendê-lo em lugar tão pequeno –, nunca tire o bispo das irmãs a licença de com eles se confessarem e tratarem da sua oração, embora a comunidade já tenha confessores. Sei que assim é conveniente por muitos motivos; o dano que pode haver é insignificante em comparação de tão grande mal, dissimulado e, por assim dizer, quase irremediável, que há no agir de modo contrário. Assim é, pois nos mosteiros observa-se o seguinte: o bem, se não é guardado com suma exatidão, decai muito depressa; e o mal, uma vez introduzido, é dificílimo de extirpar, porquanto em muito pouco tempo a natureza se acostuma às imperfeições e cria hábitos inveterados (Mosteiro do Escorial).
28. Isto é, o perigo que poderia resultar da liberdade mencionada.

38

ficamos sujeitas à ordem –, grande servo de Deus, amigo da observância e santidade, de alta nobreza de linhagem e muito afeiçoado a favorecer de todas as maneiras esta casa, promoveu uma junta de pessoas eminentes em letras, espírito e experiência para deliberarem acerca deste ponto; e ficou decidido isto. Razão será para que no futuro os prelados se rendam ao mesmo parecer, pois foi determinado por pessoas tão dignas depois de muitas orações e implorações para que o Senhor concedesse luz a fim de que se escolhesse o melhor; e os sucessos têm provado, até agora, que de fato assim é. O Senhor seja servido de o levar sempre adiante para sua maior glória. Amém.

CAPÍTULO 6

Torna à matéria, já principiada, do perfeito amor.

1. Apartei-me em demasia do assunto, mas, tamanha é a importância do que fora dito, não me culpará quem o entender. Tornemos agora ao amor que nos deve unir, aquele a que chamo tão somente espiritual. Talvez não saiba o que digo; em todo caso, parece-me não ser necessário estender-me, porque raros são os que o têm. Quem tiver recebido esta dádiva divina, louve muito ao Senhor, pois deve ser de excelsa perfeição. Não quero, contudo, deixar de dizer algo a seu respeito. Porventura será de algum proveito, pois quem deseja a virtude e pretende alcançá-la, ao vê-la diante dos olhos, logo a ela se afeiçoa.

2. Praza a Deus dar-lhe graça, não só para explicar, mas até para entender esse amor, pois, creio eu, nem sei qual é o espiritual, nem quando é imiscuído ao sensível, tampouco como me atrevo a tratar disto. Imaginai uma pessoa que ouve algo dito ao longe e não percebe o sentido das palavras: assim sou eu. De quando em vez é provável que eu não entenda o que digo, e, entretanto, permite o Senhor que me saia bem. Se de outras vezes for disparate, eis o que me é mais natural: não acertar em nada.

3. Pois bem! Parece-me que quando uma pessoa, por mercê de Deus, chega a conhecer ao claro o que é este mundo e quanto vale; a existência de outro mundo superior; a diferença entre o primeiro, que é um sonho, e o segundo, que é eterno; quando compreende – e isto, não só por crença e persuasão, mas por meio de experiência, por vias muito mais altas – o que é amar a Deus ou ao homem; o que se ganha com um e se perde com o outro; que coisa é criador, e que coisa é criatura,

bem como outros muitos segredos que o Senhor ensina a quem se presta a ser por ele ensinado na oração, ou a quem apraz a Sua Majestade –, essa pessoa sabe amar muito melhor do que nós, porquanto ainda não chegamos a essa perfeição.

4. Poderá parecer-vos descabido, irmãs, tratar deste assunto; direis que já estais a par de todas estas coisas que vos explico. Praza ao Senhor que assim seja e que o tenhais impresso nas entranhas como é preciso; pois, se o souberdes, vereis como não minto quando afirmo que este amor é próprio das almas elevadas pelo Senhor a grande altura. São almas generosas e régias essas que Deus faz chegar a este ponto; não se contentam em amar coisa tão ruim como os corpos, por mais formosos e ornados de graças que sejam. Por certo os admiram e louvam o Criador, mas não se detêm neles; quero dizer, não se detêm de modo que lhes cobre amor por causa dos atrativos exteriores. Logo lhes pareceria amar coisa sem substância e empregar-se em querer bem a uma sombra; ficariam envergonhadas de si mesmas e não teriam cara [feição] para, sem grande confusão, dizer a Deus que o amam.

5. Dir-me-eis: esses tais não saberão amar nem corresponder ao afeto que se lhes tiver; e, decerto, pouco se lhes dará de serem queridos. De fato, ainda que algumas vezes, no primeiro momento, levados por uma inclinação natural, folguem de ser amados, logo, ao caírem em si, veem que é disparate, a menos que se trate de pessoas capazes de lhes fazer proveito à alma com doutrina ou com oração. Qualquer outra amizade os cansa, pois entendem que nenhum bem lhes fará, antes, poder-lhes-ia fazer mal. Não é que se descuidem de agradecer e retribuir aos amigos com sua intercessão junto de Deus, mas deixam tudo a cargo do Senhor, como coisa que lhe diz respeito e dele procede; pois, em si mesmos, não acham merecimento para serem queridos. Logo lhes parece que se alguém os ama é porque Deus os ama; e assim deixam a Sua Majestade o cuidado de pagar, e lhe suplicam que o faça; depois ficam livres, como se nada lhes tocasse. E, tudo bem considerado,

penso comigo algumas vezes: quão grande cegueira é querer ser amado, a menos que se trate de pessoas que nos possam ajudar a conseguir bens perfeitos, como já disse!

6. Notai agora: quando queremos o amor de alguém, sempre temos em vista um interesse de proveito ou contentamento nosso. Ora, estas almas perfeitas já trazem tudo debaixo dos pés: bens, regalos e prazeres que o mundo lhes pode dar; chegaram a tal ponto, que, por assim dizer, ainda que queiram, não se podem deleitar senão em Deus, ou em tratar de Deus. Assim sendo, que proveito lhes pode resultar de serem amadas?

7. Convencidas desta verdade, riem-se de si mesmas e do tempo em que se afligiam por não saberem se era correspondido ou não o seu amor. Ainda que nossa amizade seja boa, logo nos é muito natural querer receber a paga; mas, cobrada esta, em que consiste? São apenas palhinhas ocas e sem peso que o vento carrega; porquanto, ainda quando muito nos tenham amado, afinal de contas, que nos resta? Assim é que, a não ser para proveito do espírito com as pessoas sobreditas – visto que, bem sabem, é tal nossa natureza que logo se cansa quando o amor não alimenta a dedicação –, pouco se lhes dá de serem ou não queridas. Parecer-vos-á que estas almas não amam como nós, nem sabem amar senão a Deus? Pois eu vos digo que amam muito mais, e com mais paixão, e com amor mais verdadeiro e proveitoso; em suma, isto é que é amor. São sempre muito mais afeiçoadas a dar do que a receber; até com o próprio criador lhes acontece isto. Asseguro-vos que só este amor merece tal nome, e que essas outras afeições baixas o têm usurpado.

8. Perguntareis também: se estes não amam, o que veem, a que se afeiçoam? Na verdade, amam o que veem, e afeiçoam-se ao que ouvem; mas só veem o que é estável. Quando amam alguém, logo, por prescindirem do corpo, põem os olhos na alma, e examinam se há nela coisa digna de amor. Se a não há, mas descobrem alguma boa disposição ou prenúncio de que é mina em que, se cavarem, acharão ouro, não poupam

trabalho, quando querem bem. Não há coisa difícil que de boa vontade não façam para proveito daquela alma, porquanto desejam continuar a amá-la, e sabem em absoluto que, se não tiver virtudes e não amar muito a Deus, é impossível. Sim, é impossível, por mais que os obrigue com todos os obséquios imagináveis, ainda que morra de amor por eles, e tenha todas as graças da natureza reunidas: a amizade não terá força, nem poderá permanecer firme. Sabem já por experiência o que são as coisas da terra; ninguém lhes impingirá dado falso. Quando dois não pensam do mesmo modo, como poderão amar-se por muito tempo? É amor que há de acabar com a vida, pois, se um não guarda a lei divina, e, por conseguinte, não ama a Deus, diferentes hão de ser os seus destinos.

9. Essas almas, nas quais o Senhor já infundiu verdadeira sabedoria, não estimam, além do que em verdade vale, um amor que só dura o tempo da vida. Nem mesmo lhe dão o valor que tem; porque enfim, para quem deseja gozar das coisas do mundo – como são deleites, honras e riquezas –, algum valor tem um amigo quando é rico, e tem meios de proporcionar recreação e passatempo. Mas quem tudo isto aborrece, pouco ou nenhum caso faz de tal amizade. Quando elas amam, toda a sua paixão é fazer que o amigo tenha amor a Deus, para que também seja amado por ele; pois sabem, repito, que de outro modo não poderão continuar a amá-lo. Muito cara lhes custa a amizade: não há diligência a seu alcance que não façam para aproveitamento da pessoa amada; mil vidas perderiam para lhe granjear um pequeno benefício. Ó precioso amor, que com tamanha fidelidade imita ao capitão do amor, Jesus, nosso bem!

CAPÍTULO 7

Em que continua a tratar do amor espiritual e dá alguns conselhos para alcançá-lo.

1. É coisa estranha! Que apaixonado amor, o de uma alma santa! Que de lágrimas custa! Que de penitências! Que cuidado de encomendar o amigo às orações de todos aqueles que parecem ter valimento junto de Deus! Que desejo contínuo de vê-lo progredir, e que mágoa inconsolável quando assim não acontece! Se o julgar melhorado, o vê tornar um pouco atrás, dir-se-ia que não pode mais ter prazer na vida. Não come, nem dorme, é só aquele cuidado; sempre o temor de que se perca alma tão querida, de modo que se venham a apartar por toda a eternidade. Da morte corporal nenhum caso faz, pois não se quer apegar a coisa que por um sopro lhe foge das mãos sem que a possa reter. É, como tenho dito, amor sem mácula nem sombra de interesse próprio: tudo o que deseja e quer é ver rico dos bens do céu o ente amado. Isto é amor, e não esses afetos desastrados que há no mundo.

2. Já não discorro dos maus, que destes Deus nos livre! É coisa do inferno; não há para que nos cansarmos em condenar tal amor, pois o menor de seus males está acima de toda a exageração. Dele, irmãs, nem deveis declarar, tampouco pensar que existe no mundo; nem de brincadeira nem de verdade ouvir, como também consentir que, em vossa presença, trate-se de semelhantes afeições. Não presta para coisa alguma; só de ouvir poderíeis ficar prejudicadas. Refiro-me a essas outras amizades lícitas, que, torno a dizer, costumamos ter umas às outras, ou aos nossos parentes e amigos. Aqui, todo nosso empenho é que não nos morra a pessoa amada. Se lhe dói a cabeça, parece-nos que nos dói a alma; se a vemos em trabalhos, lá se nos vai a paciência, como se costuma dizer; tudo por este teor.

3. Quem ama em espírito não faz assim. Ainda que, pela fraqueza natural, tenha algum sentimento fugidio, logo com a razão examina se aquela alma lucra com o padecer, cresce em virtudes e o suporta bem. Feito isto, põe-se a rogar a Deus que a faça merecer e lhe dê paciência; e, quando vê que a tem, nenhuma pena sente, antes, alegra-se e consola-se. De preferência, quereria tomar para si os sofrimentos em vez de ver o amigo padecer, se lhe pudesse dar todo o lucro e mérito que se ganha nas tribulações; mas não é de modo que se inquiete ou desassossegue.

4. Torno outra vez a dizer: este amor reproduz e imita o que por nós teve Jesus, nosso bom amigo. Os que assim amam ajudam muito a progredir, porque tomam para si todos os trabalhos e desejariam que os outros, sem fazê-los, ficassem com o proveito. Deste modo fazem ganhar em demasia aos que são objeto da sua amizade, e, crede-me, ou deixarão de tratar com eles – ao menos de modo íntimo –, ou acabarão por alcançar de Nosso Senhor que trilhem o seu caminho e vão para a mesma terra. Foi o que fez Santa Mônica com Santo Agostinho. Não lhes sofre o coração usar de refolhos com o amigo: se percebem que toma alguma vereda torcida ou comete qualquer falta, logo o avisam; não está em suas mãos agir de outro modo. Se não veem emenda, não recorrem às lisonjas, nem dissimulam coisa alguma; e assim, ou ele se há de emendar, ou acabará com a amizade, porque não o poderá sofrer, nem é coisa que se sofra, pois de ambos os lados é contínua guerra. Essas almas – que andam descuidadas de todo o mundo, sem querer saber se os outros servem ou não a Deus, porquanto só olham para sua própria perfeição –, em se tratando dos amigos não conseguem se despreocupar, tampouco deixam passar coisa alguma: enxergam até os mínimos argueiros. Asseguro-vos que carregam cruz bem pesada[29].

---

29. Oh! ditosas as almas que são amadas por tais amigos! Ditoso o dia em que os conheceram! Ó Senhor meu! Não me fareis mercê de que muitos me amem assim? Por certo, Senhor, de melhor vontade procuraria ser amada por eles do que por todos os reis e senhores da

5. Esta maneira de amar, quisera eu tivéssemos umas às outras. Ainda que a princípio não seja tão perfeita, o Senhor a irá aperfeiçoar pouco a pouco. Comecemos por um grau médio, que, embora imiscuído de alguma ternura, não poderá fazer-nos mal desde que abrace a todas em conjunto. É bom, e algumas vezes necessário, mostrar, e até mesmo sentir, ternura e afeição, a fim de compadecer-se de alguns trabalhos e enfermidades das irmãs, ainda que sejam pequenos, pois não é raro uma coisa muito leve dar tão grande pena a uma como daria a outra uma grande tribulação. Há pessoas que, por natureza, se afligem com os mínimos contratempos[30]; se convosco acontece o contrário, não deixeis de ter compaixão. É que Nosso Senhor talvez nos tenha querido preservar dessas penas, mas teremos outras, e as que para nós são graves, embora de fato o sejam, para outra serão leves. Portanto, nestas matérias não julguemos por nós, nem nos consideremos no tempo em que, porventura sem trabalho da nossa parte, o Senhor nos fez mais fortes; lembremo-nos de preferência do tempo em que fomos mais fracas.

6. Olhai que importa muito este conselho para nos sabermos comiserar dos males do próximo, por pequenos que sejam. É mormente útil às almas de que tenho tratado até agora, porquanto estas, como vivem a desejar trabalhos, já tudo lhes

---

terra; e com razão, porque nos ajudam, por todos os meios ao seu alcance, a tornar-nos tais que tenhamos domínio do mundo inteiro e sujeitemos a nós todas as criaturas. Quando, irmãs, conhecerdes alguma pessoa semelhante, procure a madre priora, com toda a diligência, fazer que trate convosco. A esses amai quanto quiserdes. Devem ser raros, mas não permite Deus que fiquem ignorados. Quando uma alma chega à perfeição, logo lhe dizem que não têm necessidade de ninguém, que lhe basta Deus. Mas eu sei por experiência que, para chegar a Deus, bom meio é tratar com seus amigos. Se hoje não estou no inferno, devo-o, à exceção do Senhor, às pessoas desse gênero, pois sempre dei grande valor às suas orações e procurei que me encomendassem a Deus (Mosteiro do Escorial).

30. E não vos espanteis. Quem sabe se o demônio empregou todo o seu poder e as assaltou com mais força do que a vós nos vossos grandes sofrimentos e labores? (Mosteiro do Escorial).

parece pouco, e é muito necessário que andem de sobreaviso e se lembrem de como eram fracas, bem como vejam que, se agora o não são, não lhes vem de si a fortitude. De outro modo, poderia o demônio aos poucos nelas esfriar a caridade com os próximos, dando-lhes a entender que é perfeição o que, na realidade, é falta. Em tudo é mister andar com cuidado e vigilância, pois o maligno não dorme; e as que são mais perfeitas, ainda mais hão de acautelarem-se, pois ele as tenta com muito maior dissimulação e não se atreve a outra coisa, e, caso não estejam alertas, como digo, só entenderão o dano quando já estiver feito. Enfim, importa sempre vigiar e orar porquanto, para descobrir as manobras ocultas do demônio e obrigá-lo a dar sinal de si, não há melhor remédio que a oração.

7. Procurai também alegrar-vos com as irmãs quando elas têm necessidade de recreação e no tempo que é de costume, ainda que não seja de vosso gosto; pois se usardes de prudência, tudo é perfeito amor. Muito bom é compadecerem-se umas das necessidades das outras; mas olhem que não seja com falta de discrição em pontos que vão contra a obediência. Ainda que no interior vos pareça áspero o que manda a prelada, abstende--vos de qualquer demonstração e não o deis a entender a pessoa alguma, a não ser, com muita humildade, à própria priora. De outro modo faríeis muito mal. Aprendei a conhecer quais as coisas que deveis sentir e lamentar nas irmãs; e sempre que em alguma virdes qualquer falta notória, tende muito sentimento. Eis a ocasião de mostrar e exercitar bem o amor em sabê-la sofrer sem se escandalizar. De igual modo farão as outras com as vossas faltas, que serão, quiçá, muito mais numerosas, embora não as conheçais por completo. Encomendai muito a Deus vossa irmã e procurai exercitar com grande perfeição a virtude contrária ao defeito que julgais ver nela. Esforçando--vos deste modo, ensinar-lhe-eis por obra o que ela talvez não entendesse por palavras, e nem ainda emendasse mesmo que à força de castigos. Este hábito de cada uma imitar a virtude que vê resplandecer na outra é muito fácil de contrair. É útil este aviso; não o esqueçais.

8. Oh! que bom e verdadeiro amor o da irmã capaz de fazer bem a todas pois estima o proveito das outras mais que o seu próprio, vai muito adiante em todas as virtudes e observa a regra com grande perfeição! Melhor amizade será esta do que dizer toda sorte de expressões de ternura, que não se usam nem hão de serem usadas nesta casa. Tais são, por exemplo: "minha vida", "minha alma", "meu bem", e outras semelhantes com que chamam ora a umas pessoas, ora a outras. Estas palavras de carinho, guardai-as para o vosso Esposo, pois Sua Majestade se digna sofrê-las, e, como estais tanto tempo com Ele e tão a sós, de tudo vos haveis de aproveitar. Quando muito usadas com as criaturas, não enternecem tanto o Senhor; e, aliás, não têm razão de ser. São próprias às mulheres, e eu quisera, filhas minhas, que em nada o fôsseis, nem ainda o parecêsseis ser, mas sim varões fortes. Se fizerdes o que está em vossas mãos, o Senhor vos tornará tão varonis que espantareis os homens. E quão fácil é isto a Sua Majestade, pois nos fez do nada!

9. É ainda muito boa mostra de amor a diligência em tirar às irmãs o labor, tomando-o para si nos ofícios da casa; e também o alegrar-se e louvar sumamente ao Senhor pelo progresso que fizerem nas virtudes. Todas estas coisas – sem mencionar o grande bem que trazem consigo – contribuem muito para a paz e conformidade de umas com as outras, como, pela bondade de Deus, o experimentamos e vemos agora. Praza a Sua Majestade levá-lo sempre adiante, porquanto o contrário seria coisa terrível e muito dura de sofrer. Poucas e indispostas... não o permita Deus!

10. Se por acaso vos escapar alguma palavrinha descabida, tratai logo de dar remédio e fazer grande oração; e ainda mais se for coisa que se repita, ou se houver pequenos bandos, ou desejos de preeminência, ou pontinhos de honra. Enquanto isto escrevo, parece que se me gela o sangue só de pensar que assim pode acontecer em algum tempo, pois vejo que é este o maior mal dos mosteiros. Se isto suceder um dia, deem-se por perdidas; pensem e creiam que expulsaram do convento seu

Esposo e o constrangem a ir buscar outra pousada, pois o lançam fora de sua própria casa. Clamem a Sua Majestade, procurem remédio, e, se com tantas confissões e comunhões não se emendarem, temam não haja algum Judas.

11. Cuide muito a priora, por amor de Deus, em não dar lugar a tais coisas, e atalhe com fortitude desde o princípio; todo o dano ou remédio depende disto. Se conhecer que alguma altera a paz, procure transferi-la a outro mosteiro, pois Deus lhe dará meios para dotá-la. Apartem de si esta peste; cortem como puderem os ramos; e se não bastar, arranquem a raiz. E, quando assim não puder ser, metam num cárcere de onde nunca mais saia quem destas coisas tratar: mais vale isto do que pegarem todas tão incurável pestilência. Oh! que grande mal é este! Deus nos livre de mosteiro onde ele tenha entrada! Antes quisera eu que este fosse invadido por um fogo que nos abrasasse a todas. Como em outra parte pretendo dizer mais alguma coisa tão importante para nós a este respeito, não me demoro mais aqui.

CAPÍTULO 8

Trata do grande bem que é desapegar-se interior e
exteriormente de todas as coisas.

1. Venhamos agora ao desapego que devemos ter, pois de
sua perfeição depende todo o resto. Sim, torno a dizer, dele
depende tudo, porquanto, se nos abraçarmos somente com o
criador e nenhum caso fizermos de todo o criado, Sua Majestade nos infundirá as virtudes de tal maneira que, pouco a pouco – se de nosso lado trabalharmos e fizermos o que está em
nossas mãos –, não mais teremos grandes pelejas. O Senhor se
levantará contra os demônios e contra o mundo todo em nossa
defesa. Pensais, irmãs, que seja de pouca importância esse desapego, que nos proporciona a felicidade de nos darmos de todo
e sem partilhas àquele que é nosso tudo? E, pois em Deus estão
todos os bens, como digo, louvemo-lo muito, irmãs, por nos ter
juntado nesta casa, onde se não trata de outra coisa senão disto.
Nem sei para que assim digo; todas vós que aqui estais me podeis ensinar, que, nesta matéria tão importante, confesso não ter
a perfeição como desejo e entendo ser necessária. Algo similar
digo a respeito de todas as virtudes e de quanto tenho tratado
até hoje, pois mais fácil é escrever do que praticar. Ainda nisto
posso não acertar bem porque algumas vezes é necessária a experiência para saber dizer uma coisa; e, portanto, quando acerto,
deve ser por ter praticado o contrário destas virtudes. Quanto ao
exterior, já se vê quão apartadas de tudo estamos aqui.

2. Ó irmãs! Compreendei, por amor de Deus, a grande
mercê que fez o Senhor às que trouxe a este mosteiro, e cada
uma o pondere de si para si, pois, sendo apenas doze, quis
Sua Majestade que fôsseis uma delas. Quantas melhores que
eu sei que, de boa vontade, tomariam este lugar; e, entretanto, deu-mo o Senhor, que tão mal o mereço! Bendito sejais

Vós, meu Deus, e louvem-vos todas as criaturas, já que não vos posso agradecer esta mercê com dignidade, tampouco as outras muitas que me tendes feito. Esta, de me terdes escolhido para o estado de monja, foi imensa. Como, porém, correspondi tão mal à minha vocação, não vos fiastes de mim, Senhor, porquanto onde estavam reunidas muitas religiosas boas[31], não seria notória minha ruindade até que se me acabasse a vida; trouxestes-me a este mosteiro onde, por serem tão poucas, parece impossível não entenderem minhas faltas, a fim de que eu ande com mais cuidado. Apartastes todas as ocasiões; já não há desculpa para mim, Senhor, eu o confesso, e, portanto, necessito ainda mais de vossa misericórdia para que me perdoeis o mal que ainda fizer.

3. Uma coisa peço com demasiado afinco: se alguma reconhecer que não tem capacidade para o que está estabelecido aqui, diga-o; outros mosteiros há onde também se serve ao Senhor. Não perturbe estas pouquinhas almas que Sua Majestade aqui reuniu. Noutras partes terá liberdade para se consolar com seus parentes; aqui, se alguns são recebidos, é para consolo deles. E se houver monja que desejar para a sua própria satisfação ver parentes, apesar de não serem eles espirituais, tenha-se por imperfeita; creia que não está desapegada, não está sã, não terá liberdade de espírito nem gozará de inteira paz; tem necessidade de médico que a cure, e, declaro, se não sarar deste mal e ficar boa, não é para esta casa.

4. O melhor remédio, em meu ver, é não lhes comunicar até se sentir livre, isto é, assim que alcançar do Senhor esta graça mediante muita oração. Quando chegar a tal estado que as visitas lhe sirvam de cruz, veja-os muito embora e, somente então, fará proveito a eles e não retirará dano para si[32].

---

31. Refere-se ao Mosteiro da Encarnação, onde passou os primeiros vinte e sete anos de vida religiosa.
32. Mas se lhes tem amor, se fica muito inquieta com seus padecimentos e gosta de ouvir os seus sucessos no mundo, creia que prejudicará a si e não lhes fará bem algum (Mosteiro do Escorial).

CAPÍTULO 9

Trata de como, para aqueles que deixaram o mundo, é grande bem o fugir dos parentes. Quão mais verdadeiros amigos encontram.

1. Oh! se entendêssemos, nós religiosas, o dano que nos resulta de tratar muito com os parentes, como fugiríamos deles! Não posso compreender que consolo é esse que dão, e já não digo no tocante ao serviço de Deus; refiro-me ao próprio descanso e tranquilidade. Com efeito, de suas recreações não podemos, nem nos seria lícito, gozar; e, pelo contrário, sentimos e choramos todos os seus labores, e, algumas vezes, mais do que eles próprios. Em verdade, se nos dão algum presente para o corpo, o espírito o paga bem caro. Deste perigo, aqui, estais livres, pois, como tudo é tido em comum e não são permitidos regalos particulares, qualquer esmola é para todas em geral. Deste modo, nenhuma religiosa se vê forçada a contentá-los por motivos de interesse, certa como está de que o Senhor as há de prover por junto.

2. Fico pasma de ver o prejuízo que nos causa o trato com eles; penso que o não crerá senão quem o tiver experimentado. E quão esquecida, parece, está no dia de hoje esta perfeição nas ordens religiosas! Não sei o que deixamos no mundo, nós que nos gabamos de tudo haver deixado por Deus, se não nos apartamos do principal, que são os parentes. Chegam as coisas a tal estado que já se tem, por falta de virtude nos religiosos, o não querer muito aos seus, nem tratar amiúde com eles. E assim dizem à boca cheia, alegando várias razões!

3. Nesta casa, filhas, muito cuidado de encomendá-los a Deus! É bem justo. No mais, apartai-os da memória quanto

puderdes, porquanto é natural apegar-se a eles o nosso coração mais do que às outras pessoas.

Fui muito querida dos meus, ao que se dizia, e de meu lado lhes queria a ponto de não consentir que se esquecessem de mim. Entretanto, em virtude de minha experiência e de outras religiosas, posso dizer que, nos trabalhos em que andei metida, meus parentes foram os que menos me ajudaram. Com os servos de Deus me tenho achado. Não me refiro aos pais, que estes de quando em vez deixam de socorrer os filhos, e é razão que não lhes sejamos indiferentes quando tiverem necessidade de consolo e virmos que não nos prejudicam no essencial, pois isto se pode fazer com desapego. Digo algo similar em relação aos irmãos.

4. Crede-me, irmãs, servindo vós ao Senhor como estais obrigadas, não achareis melhores parentes que os auxiliares que Sua Majestade vos enviar. Sei que assim é, e se permanecerdes firmes na observância do que usamos agora, compreendendo que agir de maneira diversa seria faltar a vosso verdadeiro Amigo e Esposo, crede que muito em breve ganhareis esta liberdade de coração. Mais do que em todos os vossos parentes, podeis confiar naqueles que vos amarem só por Deus; estes não vos faltarão, e encontrareis pais e irmãos onde menos pensardes. Como de Deus esperam a paga, tudo fazem por nós; pelo contrário, os que de nós esperam, ao verem que somos pobres e em nada os podemos servir, logo se cansam. E ainda que haja exceções, é isto o mais usado agora no mundo; porque, enfim, sempre é mundo. Se alguém vos aconselhar outra coisa, a dizer-vos que é virtude o praticá-la, não lhe deis crédito. Asseguro-vos de que se eu fosse dizer todos os danos que traz consigo o apego aos parentes, muito me demoraria, mas como outros que melhor sabem o que dizem têm escrito acerca deste assunto, basta o que fica dito. Parece-me que se, apesar de imperfeita, tenho entendido tão bem este ponto, que farão os que são perfeitos?

53

5. Toda a insistência dos santos em nos aconselhar que fujamos do mundo, claro está que é boa. Pois bem! Crede-me: o que mais nos cativa nele é o apego aos parentes, e é também o mais difícil de desarraigar. Por esta causa, acertados andam os que saem de suas terras, se isto lhes vale, bem entenda-se; pois não creio que esteja o essencial em fugir com o corpo, e sim em abraçar-se de modo resoluto com o bom Jesus, Senhor nosso. Como nele a alma tudo acha, esquece tudo. Não obstante, até que nos convençamos desta verdade, é de imenso auxílio a separação. Depois poderá ser que o Senhor, para nos dar cruz naquilo mesmo em que costumávamos ter gosto, queira que tratemos com eles.

CAPÍTULO 10

Trata de como não basta nos desapegarmos dos
parentes se não tivermos o desapego de nós mesmos.
Esta virtude anda sempre junto com a humildade.

1. Desprendidas do mundo e dos parentes e encerradas
aqui nas condições acima ditas, já parece que tudo está feito e
não há mais com quem pelejar. Ó irmãs minhas, não vos deis
por seguras, nem vos deiteis a dormir, pois vos sucederá como
àquele que se deita bem sossegado por haver trancado do melhor modo suas portas com medo dos ladrões, e, entretanto, dei-
xa-os dentro de casa. Bem sabeis que não há ladrão pior, pois
ficamos nós mesmas, e se cada uma não andar com grande cuidado, a contradizer a própria vontade, como se fosse este o mais
importante de todos os negócios, muitas coisas haverá que nos
tirarão essa santa liberdade de espírito que torna a alma capaz de
voar a seu Criador sem ir carregada de terra e de chumbo.

2. É grande remédio para isto o trazer sempre vivo o pensamento da vaidade de todas as coisas e de sua pouca duração,
a fim de perder o amor ao que é tão vil e empregá-lo no que
jamais há de perecer. Por este meio, ainda que pareça fraco,
fortalecer-se a alma. Nas mínimas circunstâncias cumpre andar com o máximo cuidado, e, ao nos sentirmos afeiçoadas a
alguma criatura, procuraremos nos apartar dela o pensamento
e voltá-lo para Deus, pois Sua Majestade ajuda. Grande mercê nos fez ele trazendo-nos a esta casa onde o principal está
feito; [mas resta desapegarmo-nos de nós mesmas][33], e é
bem duro este combate, porquanto estamos muito agarradas
ao nosso eu e nos amamos de sobejo.

---

33. Mosteiro do Escorial.

3. Aqui pode entrar em cena a verdadeira humildade, porque esta virtude, em meu ver, anda sempre junta com o desapego. São duas irmãs que não há motivo de separar. Não é destas parentas que vos aconselho a fugir; antes, digo que as abraceis e ameis e nunca vos queirais ver sem elas. Ó soberanas virtudes, senhoras de todo o criado, imperatrizes do mundo, libertadoras de todos os laços e ardis do demônio, tão amadas de Cristo nosso Mestre, que nunca sequer um instante viveu sem elas! Aquele que as tiver, bem pode sair a pelejar contra o inferno todo unido e o mundo inteiro com suas ocasiões. De ninguém tenha medo: o Reino dos Céus lhe pertence. Não tem a quem recear, porquanto nada se lhe dá de perder tudo, e nem ainda o considera perda. Só teme descontentar a Deus, e vive a suplicar-lhe que o sustente na prática destas virtudes e não permita que as perca por sua culpa.

4. Verdade é que têm elas a propriedade de se esconderem de quem as tem, de maneira que nunca as vê, nem acaba de se persuadir de que tem alguma, embora lho digam; mas tanto as estima que sempre procura alcançá-las, e assim, pouco a pouco, as aperfeiçoa em si cada vez mais. E, todavia, são bem fáceis de conhecer os humildes e desapegados: sem mesmo o advertir, logo se fazem notar das pessoas que os cercam. Mas que desatino me pôr a louvar humildade e mortificação, estando elas tão louvadas pelo Rei da Glória e tão confirmadas por imensos trabalhos seus! Eia, pois, filhas minhas, mãos à obra para sair da terra do Egito. Ao achar estas virtudes, achareis o maná; todas as coisas vos serão saborosas, e, por amargas que sejam ao paladar dos mundanos, para vós se tornarão doces.

5. Vamos à prática. Antes de tudo hão de tender nossos esforços a tirar de nós mesmas o amor a este corpo. De fato, somos, por natureza, ao menos algumas, tão regaladas e amigas de nossa saúde que não há pouco a fazer aqui. É para louvar a Deus! Que guerra têm neste ponto as monjas em particular, e ainda as que o não são! Algumas de nós, dir-se-

-ia, não viemos fazer outra coisa no mosteiro senão tratar de não morrer; cada uma emprega os meios que pode. Aqui, na verdade, não há muita ocasião para isso, ao menos por obras; mas quisera eu que nem houvesse tal desejo. Determinai-vos, irmãs! Vindes a morrer por Cristo, e não a viver com regalos por Ele. Persuade o demônio ser necessário tratar bem de si a fim de poder guardar e cumprir as leis da ordem; e, a par do desejo da observância, é tão grande o cuidado pela saúde no intuito de poder guardar e manter a regra a ponto de a religiosa morrer sem tê-la cumprido por inteiro durante um mês, e, porventura, nem sequer um dia. Não sei o que viemos aqui fazer de fato.

6. Não tenham medo de que nos falte a discrição neste caso. Seria milagre, pois logo temem os confessores e pensam que nos vamos matar à força de penitências. E é tão aborrecida de nós outras essa falta de moderação que, prouvera a Deus, assim cumpríssemos tudo o mais! As que fizerem o contrário, estou certa, não se ofenderão de que eu diga isto; nem me ofenderei eu se alguém disser que por mim o julgo, pois é a pura verdade. Tenho para mim que por este motivo quer o Senhor que sejamos mais enfermas. Ao menos comigo usou de grande misericórdia ao dar-me enfermidades, porquanto, ao ver que eu, de qualquer modo, me havia de regalar, permitiu que ao menos fosse com causa. É engraçado ver monjas que andam com este tormento, buscado por suas próprias mãos! Algumas vezes dá-lhes um desejo de se penitenciarem de modo desregrado e descriterioso: dura-lhes, por assim dizer, dois dias. Em seguida, põe-lhes o demônio na imaginação que lhes fez mal: incute-lhes pavor à penitência, e, amedrontadas, não ousam depois cumprir nem a de obrigação na ordem, alegando que já experimentaram. Não guardamos umas coisas demasiado ínfimas da regra, qual o silêncio, que não nos pode fazer mal; e, assim que nos começa a doer a cabeça, logo deixamos de ir ao coro, que tão pouco nos mata. Por outro lado, queremos inventar penitências a nosso arbítrio para

nos tornarmos incapazes destas e das de obrigação[34]. Às vezes, é bem pequeno o mal, e, contudo, julgamo-nos dispensadas de qualquer esforço por achar que, uma vez pedida a licença, cumprido está nosso dever.

7. Dir-me-eis: para que a dá a priora? Se visse o interior, talvez não a desse; mas como lhe representais a vossa necessidade, e não falta um médico que ajude em consequência das informações que lhe fornecestes, e uma amiga ou parenta que chore ao lado, que pode ela fazer? Tem escrúpulos acerca da caridade, e antes quer que falteis vós do que ela.

8. Semelhantes coisas podem acontecer uma vez por outra, e, para que vos acauteleis, aqui as assinalo; porque se o demônio se põe a amedrontar-nos com temores de perder a saúde, nunca faremos coisa alguma. O Senhor nos dê luz para acertar em tudo. Amém.

---

34. Não guardam uns pontos muito elementares da regra, como o silêncio, que não nos há de fazer mal; e ainda nem sequer nos veio à imaginação que nos dói a cabeça, deixamos de ir ao coro, que tão pouco nos mata: hoje, porquanto tudo dói; amanhã, porque doeu, e mais três dias para que não torne a doer (Mosteiro do Escorial).

CAPÍTULO 11

Continua a tratar da mortificação e diz como é preciso adquiri-la nas enfermidades.

1. Parece-me coisa imperfeita, irmãs minhas, esse queixar-nos sempre de males insignificantes. Se os puderdes sofrer, não façais assim. Quando é grave a doença, queixa-se por si mesma; logo transparece, e são outros os seus queixumes. Ponderai que sois poucas, e, se estiverdes unidas pelo amor e caridade, basta que uma tenha este costume para a todas trazer aflitas. A que sofrer verdadeiro mal, diga-o e tome o necessário remédio. Asseguro-vos que, se perderdes o amor-próprio, sentireis tanto qualquer regalo que não tereis receio de tomá-lo sem necessidade, nem de vos queixar sem causa. Quando há motivo justo, muito pior é encobri-lo do que, sem ele, tomar alívio, e muito erradas andariam as irmãs se não se compadecessem de vós.

2. Mas podeis estar certas de que onde a caridade reina e são tão poucas as religiosas, jamais vos faltarão cuidados nas vossas enfermidades. Quanto a certas fraquezas e pequenos males de mulheres, deixai-os no esquecimento e não vos queixeis. Algumas vezes é o demônio que nos põe na imaginação tantas dores: ora aparecem, ora desaparecem, e, se não perderdes o costume de vos queixar e de contar tudo o que tendes, a não ser tão somente a Deus, nunca mais acabareis[35]. É que nosso corpo tem esta astúcia: quanto mais o regalamos, mais necessidades inventa. É coisa que pasma! Quanto gosta de ser regalado! Como nesta matéria acha bom pretexto, engana a pobre da alma, por pequena que seja a necessidade, e não a deixa medrar.

---

35. Insisto tanto porque tenho para mim que este ponto é de suma importância e origem de muita desídia nos mosteiros (Mosteiro do Escorial).

3. Lembrai-vos de quantos pobres enfermos haverá que não terão a quem se queixar. Pois bem! pobres e regaladas não podeis ser. Lembrai-vos também de quantas mulheres casadas – e eu sei que há muitas, e pessoas de alta condição – que, padecendo graves males e labores, só por não darem enfado a seus maridos, não ousam se queixarem. Ai de mim, pecadora! Por certo que não viemos aqui para ser mais regaladas do que elas. Oh! pois estais livres dos grandes trabalhos do mundo, sabeis padecer um pouquinho por amor de Deus, sem apregoar por todos os lados. Se uma mulher muito malcasada sofre sua desventura sem desabafar com ninguém, para que seu marido não saiba que ela conta e se queixa, não sofreremos, só entre Deus e nós, um pouco dos males que Ele nos dá por nossos pecados? Tanto mais que é ínfimo o que se alivia o sofrimento por meio dos desabafos.

4. Em tudo isto que tenho dito, não me refiro a doenças graves acompanhadas de febre – conquanto aconselhe sempre moderação e paciência; trato de uns pequenos achaques que se podem aguentar de pé. Mas que seria se isto que escrevo fosse lido fora desta casa? Que diriam de mim todas as monjas? E de quão boa vontade sofreria eu tudo, se alguma se emendasse! Sim, porquanto, se há uma que se queixe a toda hora, chega a coisa a tais termos que pela maior parte a nenhuma se dá crédito, por mais graves males que tenha. Recordemo-nos de nossos santos padres, daqueles eremitas de outrora cuja vida pretendemos imitar. Que dores não sofreriam, e tão a sós! Quanto frio, e fome, e sol, e calor, sem terem a quem se queixar senão a Deus! Pensais que eram de ferro? Não! eram tão delicados como nós. Crede-me, filhas: quando principiarem a vencer estes corpúsculos, eles não nos afligirão tanto. Há quem muito olhe para as vossas necessidades: descuidai-vos, a menos que seja notável o caso. Se não nos determinamos uma vez por todas a tragar a morte e a falta de saúde, nunca faremos coisa alguma.

5. Procurai confrontá-las sem temor e entregar-vos por inteiro a Deus, venha o que vier. Que mal faz morrermos? Quantas vezes tem o corpo zombado de nós; e não zombaremos dele vez alguma? Crede que esta determinação importa mais do que podemos entender; visto que, se pouco a pouco o vencermos, ao final de muitas vitórias, com o favor de Deus, tornar-nos-emos senhoras dele; e vencer tal inimigo é grande passo para triunfar na batalha desta vida. Faça-o o Senhor na medida de seu poder. Estou bem certa de que não entende o lucro senão quem já goza da vitória. Esta é tão grande, que, segundo penso, ninguém sentiria passar trabalhos a troco de conseguir tal paz e senhorio.

CAPÍTULO 12

Trata de como há de ter em pouco a vida e a honra aquele que, em verdade, ama a Deus.

1. Passemos a outros pontos que também importam em demasia, embora pareçam miúdos. A princípio, tudo se nos afigura muito custoso, e com razão, porque é guerra contra nós mesmas; mas, se começamos a trabalhar, Deus atua tanto na alma e lhe faz tais mercês que tudo quanto se pode fazer nesta vida é como se nada fosse. Nós, monjas, realizamos o mais penoso, isto é, sacrificar a liberdade por amor a Deus, sujeitando-a a outrem; passamos tantos trabalhos, quais os jejuns, o silêncio, o encerramento, a assistência ao coro. Por muito que nos queiramos regalar, rara vez o conseguimos; e, quiçá, de muitos mosteiros que tenho visto seja só eu a regalada. Se assim é, dizei-me: por que razão nos havemos de deter em mortificar o interior, se é o que torna mais meritórias e perfeitas as outras obras e no-las faz praticar com mais suavidade e descanso? Aos pouquinhos, contrariando nosso apetite e vontade ainda em coisas miúdas, como já disse, adquiriremos o hábito da virtude até sujeitar por completo o corpo ao espírito.

2. Torno a dizer: tudo, ou ao menos, grande parte, está em perdermos o cuidado de nós mesmas e do nosso regalo; pois quem deveras começa a servir ao Senhor, o menos que lhe pode oferecer é a vida. Se já lhe deu a vontade, que teme? Claro está que o verdadeiro religioso e verdadeiro homem de oração que pretende gozar dos regalos de Deus não há de voltar as costas aos desejos de morrer por Ele e de sofrer o martírio. E acaso já não sabeis, irmãs, que a vida do bom religioso que aspira a ser dos mais íntimos amigos de Deus é um longo

martírio? Longo, porquanto assim pode ser chamado em comparação ao daqueles que eram degolados num instante; mas a vida toda é curta, e, algumas, demasiado curtas. E que sabemos a respeito da nossa? Não será tão curta que se acabe uma hora ou mesmo um momento depois de nos determinarmos a servir a Deus de todo coração? Não seria impossível – visto que, afinal de contas, ninguém pode confiar naquilo que finda; e quem deixará de trabalhar ao pensar que cada hora é a última?

3. Crede-me que pensar isto é o mais seguro; portanto, aprendamos a contradizer em tudo a nossa vontade. Se o fizerdes com cuidado, segundo vos tenho dito, sem saber de que modo, pouco a pouco vos achareis no cume. Mas que grande rigor parece o dizer que não nos façamos prazer em nada! É porque não se diz, ao mesmo tempo, quantos gostos e deleites traz consigo esta contradição, bem como o que se ganha por meio dela ainda nesta vida! Que segurança! Aqui, como todas o praticais, o principal está feito: umas às outras se estimulam e ajudam, e neste ponto deve cada uma procurar passar adiante das suas irmãs.

4. Acerca dos movimentos interiores haja muita vigilância, mormente no que tange às preeminências. Deus nos livre, por sua paixão, de dizer ou pensar, de modo que nos detenhamos nisto: "Sou mais antiga!", "tenho mais anos", "tenho trabalhado mais", "tratam melhor a outra". Se surgirem tais pensamentos, é mister atalhá-los com presteza. Demorar-se neles, ou manifestá-los por palavras, é peste e origem de grandes males. Se tiverdes priora que consinta em semelhantes coisas, por pequenas que sejam, crede que, por vossos pecados, permitiu Deus que a tenhais para começo de vossa ruína, e orai de imediato, pedindo remédio ao Senhor, porque estais no maior perigo.

5. Poderá ser que pergunteis para que recomendo isto com tanto empenho e exijo este rigor, se Deus faz regalos a quem não está em tão alto grau de desapego? Ele os faz, bem o creio, mas é por ver, em sua infinita sabedoria, que convém atrair essas almas até deixarem tudo por seu amor. Quando digo dei-

xar tudo, não me refiro a abraçar a vida religiosa, porquanto muitas vezes há impedimentos, e em qualquer situação pode a alma perfeita ser desapegada e humilde, embora com maior trabalho, visto ser de grande ajuda o estar num meio favorável. Mas crede uma coisa: se houver ponto de honra ou apego aos bens materiais – o que também pode existir tanto nos mosteiros como fora, e, sendo menores as ocasiões, maior é a culpa – nunca medrareis muito. Não chegareis a gozar do verdadeiro fruto da oração, ainda que vos tenhais exercitado nela muitos anos – ou, para melhor dizer, na consideração –, porquanto oração perfeita, afinal de contas, tira estes dessabores.

6. Vede, irmãs, quanto vos interessa isto, pois não estais aqui para outra coisa. Com essas pendências, não ficareis mais honradas e perdereis o proveito que poderíeis ganhar. Assim, pois, desonra e prejuízo andam aqui juntos. Veja cada uma em si o que tem de humildade e logo verá os progressos que fez. Parece-me que ao verdadeiro humilde, ainda por primeiro movimento, não ousará o demônio tentar em matéria de preeminência, porquanto, sagaz como é, teme a derrota. É impossível o humilde não sair com mais fortitude e aproveitamento nesta virtude quando é tentado contra ela, pois – claro está – há de volver o olhar para sua vida a fim de ver seus poucos méritos e os benefícios recebidos de Deus; seus próprios pecados e o lugar onde merecia estar em virtude eles, bem como as grandezas que o Senhor obrou ao abater-se a si mesmo para nos deixar exemplo de humildade. Com isto, fica a alma tão aproveitada que o maligno não ousa tornar à carga para não sair com a cabeça quebrada.

7. Tomai de mim este conselho e não o esqueçais: se quereis vingar-vos do inimigo e livrar-vos da tentação mais depressa, não vos contenteis de sair com proveito só no interior – pois grande mal seria que assim não fosse –, mas procurai também no exterior que vossas irmãs tirem proveito de vossa tentação. Assim, quando esta vos assaltar, pedi à prelada que vos mande fazer algum ofício baixo, ou fazei-o como puderdes, e

nesta matéria vivei sempre a estudar o modo de dobrar vossa vontade nas coisas que vos contrariam. O Senhor vos fará descobrir as ocasiões, e, com isto, pouco durará a tentação. Deus nos livre de pessoas que o querem servir e ainda se lembram da própria honra! Olhai que é caminho por onde não se lucra; e, como tenho dito, o próprio desejo das honras lhes tira o merecimento, sobretudo nas disputas acerca da preeminência. No mundo não há veneno que mate tão de imediato como destroem estas coisas a perfeição.

8. Direis que são ninharias muito naturais; não há para que fazer caso. Não brinqueis com elas; crescem como espuma, e, aliás, nada é pequeno quando se trata dos graves perigos que há nos pontos de honra e na suscetibilidade acerca dos agravos. Quereis saber uma das razões, sem mencionar muitas outras? Começa uma de vós com uma pequena obsequiosidade, quase nada; mas logo outra, movida pelo demônio, acha grave o caso e pensa que faz um ato de caridade ao dizer-vos que não sabe como sofreis tal agravo... que Deus vos dê paciência... que lhe ofereçais a humilhação... um santo não sofreria mais... Põe-lhe o tentador tanto mel na língua que, ainda quando vos resolveis a padecer, ficais tentada de vanglória, sem ter, entretanto, padecido com a devida perfeição.

9. Esta nossa natureza é muito fraca. Embora se reconheça que o caso não teve importância, não deixamos de sentir e julgamos ter feito alguma coisa. Que será se virmos que outras tomam as nossas dores! E, assim, aos poucos perde-se a alma as ocasiões em que poderia merecer; fica mais fraca e abre a porta ao demônio para outra vez acometê-la com outra coisa pior. Poderá mesmo acontecer que estejas disposta a suportar com paciência, e venham a vós e vos digam que sois boba, bem como que é muito justo sentir as afrontas. Oh! por amor de Deus, irmãs minhas, nenhuma se deixe levar por essa caridade indiscreta a ponto de mostrar compaixão a outra por esses agravos imaginários. Seria semelhante à compaixão que os amigos do santo Jó e sua mulher tiveram para com ele.

CAPÍTULO 13

Continua na mesma matéria da mortificação e diz
quanto importa fugir das obsequiosidades e dos
raciocínios do mundo para chegar
à razão verdadeira.

1. Muitas vezes vos repito, irmãs, e agora quero deixar escrito, para que o não esqueçais, o seguinte aviso. Toda religiosa desta casa, e, aliás, toda a pessoa que quiser ser perfeita, fuja mil léguas de expressões como estas: "Tive razão" – "Procederam mal comigo" – "Não teve razão quem me fez isto" – De más razões livre-nos Deus! Julgais que havia razão para que nosso bom Jesus sofresse tantas injúrias e tantas sem-razões como lhe fizeram? A irmã que não quiser levar cruz senão muito razoável, não sei para que está no convento. Volte ao mundo, mas ainda aí não respeitarão suas razões. Porventura podeis ter sofrimentos tão grandes que os não mereçais ainda maiores? Que razão é essa? Por certo, não a entendo.

2. Quando nos distinguirem com alguma honra, ou atenção, ou bom tratamento, apresentemos então nossas razões, porquanto, sem dúvida alguma, avilta a razão que assim nos tratem nesta vida; mas quando nos fizerem agravos – que assim os chamam, mas, em verdade, ninguém nos ofende –, não sei o que podemos alegar. Ou somos esposas de tão grande Rei, ou não. Se somos – que mulher honrada haverá que não queira participar das afrontas feitas a seu esposo, ainda que em seu íntimo não goste delas? Em suma, a honra e a desonra é comum entre os esposos. Pois bem! Participar e gozar do Reino de Cristo, e, a um só tempo, querer ficar sem nenhuma parte nas suas desonras e trabalhos, é disparate.

3. Não permita Deus que tenhamos tal desejo! Pelo contrário: aquela que se julga a menos estimada entre todas, se

tenha pela mais bem-aventurada; e assim é, caso sofra como se deve sofrer, pois não lhe faltará honra nesta vida nem na outra. Crede isto que vos digo. Mas que disparate dizer eu que me creiam, quando a verdadeira sabedoria assim o afirma! Imitemos de algum modo, filhas minhas, a grande humildade da Virgem Santíssima, cujo hábito trazemos. Confusas devemos ficar de nos chamarmos monjas suas, pois por muito que, em nosso ver, nos humilhemos, estamos bem longe de sermos filhas de tal Mãe e esposas de tal Esposo. Assim, pois, se as questões acerca das quais discorri não forem atalhadas com diligência, o que hoje parece nada, amanhã será, talvez, pecado venial; e são tão perigosas que, se as deixardes passar, sempre crescerão. É coisa péssima numa congregação.

4. Nós que vivemos em comunidade deveríamos ter suma vigilância para não prejudicar as que trabalham por nos fazer bem e nos dar bons exemplos. Se compreendêssemos que grande dano é introduzir um mau costume, preferiríamos morrer a ser causa de tal desgraça. Com efeito, a morte é apenas mal do corpo, e a perda das almas é prejuízo imenso e parece perpetuar-se. Sim, pois, morrendo umas, vêm outras, e talvez todas participem mais de um mau costume que introduzimos do que de muitas virtudes. O mal, o demônio não deixará decair; quanto às virtudes, a própria fraqueza natural as faz perder.

5. Oh! que imensa caridade faria, e que grande serviço prestaria a Deus a noviça que, por não achar em si a capacidade para observar as regras estabelecidas nesta casa, o reconhecesse e se retirasse! E, veja bem! é a melhor coisa que pode fazer se não quiser ter um inferno nesta vida; e praza a Deus não tenha outro na eternidade! Isto infunde muito temor por várias razões que, talvez, nem ela nem as demais entenderão tão bem como eu[36].

---

36. Oh! que imensa caridade faria e que valioso serviço prestaria a Deus a noviça, que, reconhecendo-se incapaz de abraçar a perfeição e os costumes estabelecidos nesta casa, se retirasse e deixasse as outras em paz! Mesmo nos outros mosteiros – ao menos se me quiserem dar crédito – não a recebam nem admitam à profissão até que a experiên-

6. Crede-me neste ponto, e se não me quiserdes dar crédito, o tempo se encarregará de vo-lo mostrar. O estilo que pretendemos levar é de ser não somente monjas, mas ermitãs, e, portanto, de nos desapegarmos de todo o criado. A quem o Senhor escolheu a dedo para aqui estar, vejo que lhe faz esta mercê. Embora não seja logo com toda a perfeição, é visível que já caminha em direção a ela, quer pelo grande contentamento e alegria de se ver livre de tornar a tratar com as coisas da vida, quer pelo sabor que encontra em todos os exercícios

---

cia de muitos anos tenha provado sua emenda. Não me refiro a faltas acerca da penitência e dos jejuns, porquanto, embora reais, não causam tanto dano; refiro-me à condição de certas pessoas que, em virtude de seu natural, amam ser estimadas e tidas em muita conta, pois veem as faltas alheias e nunca reconhecem as próprias; ademais, têm outros defeitos semelhantes que, em verdade, nascem de pouca humildade. Se o Senhor não as favorecer com grande espírito de fervor, e se elas em muitos anos de prova não derem a ver que se emendaram, Deus vos livre de tê-las em vossa companhia! Ficai certas: não terão sossego, e a todas trarão desassossegadas. Como não recebeis dotes, tendes, pela misericórdia de Deus, mais liberdade neste ponto do que outros mosteiros que me causam muita pena, porque amiúde, para não ter de restituir o dinheiro recebido, ou em consideração aos parentes, deixam ficar o ladrão que lhes rouba o verdadeiro tesouro. Nesta casa já aventurastes e perdestes a honra do mundo, porquanto os pobres não são honrados nem estimados: não queirais tão à vossa custa sustentar a honra alheia. A nossa, irmãs, há de consistir em servir a Deus; quem vos quiser estorvar de servir ao Altíssimo, fique-se com sua honra em casa. Com este fim ordenaram nossos antigos padres um ano de provação. Nesta nossa ordem há liberdade para prolongar o noviciado por quatro anos; e eu quis que durasse dez. A monja humilde não faz muita questão de não ser professa: sabe que se for boa não a despedirão; e se não tiver as qualidades requeridas, por que há de querer fazer mal a estas esposas de Cristo? Quando falo em não ser boa, não me refiro a vaidades que, espero, com o favor de Deus, estarão sempre longe desta casa; entendo por não ser boa o não estar mortificada e o apegar-se às coisas do mundo ou a si mesma nos pontos já mencionados. A que não vir muito em si as disposições necessárias, creia-me, não professe, a menos que queira ter um inferno nesta vida. E praza a Deus não tenha outro depois da morte, como é bem de temer, embora nem ela nem mesmo as religiosas da casa o entendam como eu o tenho entendido (Mosteiro do Escorial).

da religião. Torno a dizer: se a noviça é inclinada às coisas do mundo e não dá mostras de melhora, ela que se vá embora; e, se persistir em querer ser monja, busque outro mosteiro. Caso não o faça, verá o que lhe sucede. Não se queixe de mim, que dei princípio a este, nem diga que a não avisei.

7. Esta casa é um céu, se o pode haver na terra. Para quem deseja tão só contentar a Deus e não faz caso de seu contentamento próprio, leva-se muito boa vida. Se busca algo mais, perde-se tudo, porquanto não é possível alcançá-lo. E alma descontente é como quem tem grande fastio e sente asco de qualquer manjar, por gostoso que seja; e aquilo mesmo que os sãos saboreiam com delícias, causam-lhe náuseas ao estômago. Em outra parte, poder-se-á salvar-se com facilidade, e talvez aos pouquinhos atinja a perfeição que não pôde aguentar aqui por ser abraçada toda de uma vez. Sim, pois, embora no interior se dê algum tempo para chegar ao total desprendimento e mortificação, no exterior a prática há de ser logo perfeita; e quem não aproveita em um ano, ao ver que as demais o praticam e andam sempre em tão boa companhia, tenho muito receio de que não aproveitará em muitos anos, antes, irá de mal a pior. Não digo que iguale em perfeição às outras; mas que dê mostras cabais de aos poucos cobrar saúde, pois logo se percebe quando é mortal a enfermidade.

CAPÍTULO 14

Em que trata do muito que importa não admitir à profissão noviça alguma cujo espírito seja contrário ao que ficou dito nos capítulos anteriores.

1. Persuadi-me de que o Senhor favorece muito a quem se determina de modo valoroso; por isso é preciso examinar com que intento vem à religião a candidata. Não seja tão só para buscar meio de vida, como acontece a muitas, conquanto possa o Senhor aperfeiçoar a intenção, se é pessoa de bom entendimento. Se o não for, de nenhum modo seja admitida, pois nem sequer entenderá o fim com que entra, tampouco, mais tarde, aceitará os avisos das que a quiserem elevar a vistas mais altas. É que, em geral, os que têm esta falta sempre lhes parece que acertam melhor no que lhes convém do que as pessoas mais autorizadas; e é mal que tenho por incurável porquanto é raro deixar de ser acompanhado de malícia. Em mosteiros onde houver muitas religiosas poderá passar, mas onde há tão poucas, é intolerável.

2. Um bom entendimento começa-se a afeiçoar ao bem, apega-se a ele com fortaleza porque vê ser o mais acertado; e se não se elevar muito nas vias do espírito, servirá para aconselhar com sensatez, bem como para muitas outras coisas, e a ninguém será pesada. Quando, porém, falta o bom entendimento, não sei que vantagem possa ter para a comunidade uma noviça, e poderia causar muito dano. Esta falta é custosa de descobrir, visto que muitas dizem bem e entendem mal; e outras, embora digam pouco e sem grande eloquência, têm capacidade para muita perfeição. Com efeito, há umas simplicidades santas pouco entendidas em negócios e cumprimentos do mundo, porém muito aptas para tratar com Deus. Por isso, é mister amplas informações para receber as candidatas, e de-

morada provação antes de as fazer professas. Entenda o mundo, uma vez por todas, que tendes liberdade para despedi-las, e que muitos motivos pode haver para isso em mosteiro onde se professa vida de tanta aspereza. Se virem que é este o vosso costume, ninguém se dará por agravado.

3. Digo isto porque são tão desventurados estes tempos e tamanha a nossa fraqueza, que, não obstante ser ordenação recebida de nossos antepassados, não deixamos de ter contemplações com a pretendida honra dos contemporâneos, bem como o receio de ofender aos parentes. Praza a Deus não paguemos na outra vida por termos admitido certas candidatas, pois nunca falta pretexto para nos persuadirmos de que é lícito fazê-lo[37].

4. É este um negócio que deve cada uma considerar por si mesmo e encomendar a Deus, animando ao mesmo tempo a prelada, pois é de máxima importância. Suplico a Deus que vos dê luz. Muito felizes somos por não receber dotes; onde os recebem, poderia acontecer que, para não ter de restituir o dinheiro já gasto, deixem em casa o ladrão que lhes roube o verdadeiro tesouro. É grande lástima! Neste particular, não tenhais pena de ninguém, visto que seria fazer mal àquela a quem pretendeis favorecer.

---

37. Em caso de tanta importância não há pretexto admissível. Quando a prelada, sem se deixar influir por simpatia ou por paixão, tem em vista somente o bem da casa, estou certa de que Deus jamais a deixará errar. E tenho para mim que, ao dar ouvidos a essas piedades e tolos pontos de honra, não deixa de haver erro (Mosteiro do Escorial).

CAPÍTULO 15

Em que trata do grande bem que há em não nos desculparmos, mesmo quando nos vemos condenar sem culpa.

1. Causa-me grande confusão o que vou recomendar-vos, porquanto se trata de uma virtude da qual eu deveria ter praticado ao menos parte do que vos digo, e, entretanto, confesso ter feito nela muito poucos progressos. Nunca – penso eu – me falta pretexto para achar que é mais perfeito desculpar-me. Como algumas vezes é lícito, e seria mau o agir de outro modo, não tenho discernimento – ou, para dizer melhor, humildade – para só o fazer nas ocasiões convenientes. Em verdade, trata-se de obra de grande humildade o calar-se em virtude da injusta condenação; é imitação perfeita do Senhor que tomou a si todos os nossos pecados. E, assim, rogo-vos com deveras afinco que tenhais neste ponto o máximo esmero, pois traz consigo imenso lucro. Pelo contrário, não há, em absoluto, vantagem alguma em procurarmos defender-nos por nós mesmas, a não ser, como digo, em certos casos nos quais poderíamos provocar irritação ou escândalo ao não declarar a verdade. Quem tiver mais discrição que eu, logo o entenderá.

2. É muito importante, em meu ver, que vos acostumeis a praticar esta virtude; ou melhor: que procureis alcançar do Senhor a verdadeira humildade. Desta nasce o não nos desculparmos, porquanto o verdadeiro humilde há de desejar com sinceridade ser tido em pouco e ver-se perseguido e condenado sem culpa, mesmo em coisas graves. Com efeito, se quer imitar o Senhor, que melhor ocasião do que esta? Aqui não há necessidade de forças corporais, nem de ajuda de alguém, a não ser de Deus.

3. Nestas magnas virtudes, irmãs minhas, quisera eu que vos esmerásseis muito e as praticásseis em espírito de penitência; quanto às sobejas austeridades, já sabeis que vos dou a mão, pois podem prejudicar a saúde quando feitas sem a devida discrição. Nas primeiras, não há que temer: por maiores que sejam as virtudes interiores, não tiram ao corpo as forças necessárias para servir à religião; antes, robustecem a alma, e, se vos exercitardes em coisas muito pequeninas, como de outras vezes tenho dito, podeis cobrar costume e sair vitoriosas nas grandes. Quanto a mim, não pude fazer experiência desta verdade uma vez que jamais ouvi dizer mal a meu respeito que não achasse muito pouco; mesmo quando as acusações não eram exatas, lembrava-me de quantas outras ofensas tinha feito a Deus, e parecia-me que tinham usado comigo de demasiada benignidade, pois deixaram de lançá-las em meu rosto. Prefiro sempre, aliás, que digam de mim falsidades do que verdadeiras culpas.

4. É de muito proveito considerar quanto se ganha, de todas as perspectivas, e como – ao bem pesar tudo – nunca nos culpam sem faltas de nossa parte. Sempre andamos cheias delas, pois o justo cai sete vezes por dia[38], e seria mentira dizer que não temos pecado. Por conseguinte, ainda que não seja no ponto em que nos acusam, jamais estamos de todo isentas de culpa, como estava o bom Jesus.

5. Ó Senhor meu, quando penso em quantos tormentos padecestes e como de nenhum modo os merecíeis, não sei o que dizer de mim, nem onde tinha a cabeça quando não desejava padecer, tampouco onde a tenho agora quando me desculpo. Sabeis de modo perfeito, meu Sumo bem, que, se tenho alguma coisa boa, não a recebi de outras mãos senão das vossas. Já que, Senhor, será mais difícil para Vós dar muito do que dar pouco? Se é porque o não mereço, também não mereci as mercês que me tendes feito. Será possível que eu nutra a pre-

---

38. Pr 24,16.

tensão de que alguém tenha bom conceito de criatura tão vil, quando disseram tantos males de Vós, que sois o bem superior a todos os bens? É intolerável, Deus meu, intolerável, e quisera eu não permitísseis em vossa serva coisa desagradável a vossos olhos. Vede, Senhor, que os meus estão cegos e de muito pouco se contentam. Dai-me Vós luz e fazei-me desejar com verdade que todos me aborreçam, pois tantas vezes vos deixei a Vós, que me amais com sobeja fidelidade.

6. Que é isto, Deus meu? Que lucro pretendemos tirar quando contentamos as criaturas? Por que nos importamos de ser muito culpadas por todas elas, se diante do Senhor estamos sem culpa? Ó irmãs minhas, jamais acabamos de entender esta verdade; e por isso jamais acabaremos de ser perfeitas se não vivermos a considerá-la com profundidade e pensarmos quais são as coisas que têm valor e quais as que o não têm. Ainda que não houvesse outro lucro senão a confusão da pessoa que vos acusou injustamente, ao ver como sem culpa vos deixais condenar, já seria imenso bem: mais eleva, por vezes, uma coisa destas à alma, que dez sermões. E todas nós devemos procurar ser pregadoras por obras, já que o apóstolo[39] e nossa própria incapacidade não nos permitem que o sejamos por palavras.

7. Nunca penseis que há de ficar secreto o bem ou o mal que fizermos, por estreita que seja a vossa clausura. E julgais, filhas, que, embora não vos desculpeis, há de faltar quem tome a vossa defesa? Olhai como respondeu o Senhor por Madalena quando foi acusada, quer na casa do fariseu, quer por sua própria irmã. Não vos tratará com tanto rigor como a si, quando já pendia da cruz na hora em que um ladrão tornou a Ele. Sim, Sua Majestade moverá a alguém que vos defenda, e quando o não fizer é porque não vos será necessário. Disto tenho experiência, e é a pura verdade; contudo, prefiro que não vos lembreis de vossa honra; antes, folgueis de ficar culpadas. O próprio tempo vos servirá

---

39. 1Cor 16,34.

de testemunha do proveito que daí resultará para vossa alma. Por este modo começareis a ganhar liberdade a ponto de vos ser indiferente que digam mal ou bem de vós: parecer-vos-á negócio que não vos diz respeito. Quando ouvimos conversar entre si duas pessoas, como não tratam conosco, não pensamos em dar resposta; assim acontece aqui: graças ao costume adquirido de nunca nos justificarmos, nem parece que se trata de nós. Isto talvez se nos afigure impossível, porque somos muito suscetíveis e pouco mortificadas. A princípio, de fato é dificultoso, mas sei que se pode alcançar esta liberdade, abnegação e desprendimento de nós mesmas com a ajuda do Senhor.

CAPÍTULO 16

Da diferença que há de haver na perfeição da vida dos contemplativos e dos que se contentam com oração mental. Como é possível algumas vezes elevar Deus à perfeita contemplação uma alma distraída, e qual o motivo disto. Este capítulo e o seguinte são muito dignos de ponderação.

1. "Não vos pareçam prolixos todos estes preliminares! Estou a entabular o jogo, como se costuma dizer. Pedistes alguns conselhos acerca do modo de principiar a oração; e eu, filhas, embora não me tenha Deus levado por este caminho – pois, creio, ainda nem sequer comecei a ter as virtudes de que vos digo –, contudo, não sei outro. Crede no que vos digo: quem não sabe arrumar no tabuleiro as peças do xadrez, ainda pior saberá jogar; e quem não sabe dar xeque, como saberá dar mate? Haveis de repreender-me por dizer da ótica de coisas de jogo, quando nesta casa nenhum é permitido e jamais há de ser. Por aí vereis a mãe que Deus vos deu, que até esta vaidade sabia; mas dizem que é lícito algumas vezes. E quão lícita será para nós esta maneira de jogar, e – se nos exercitarmos bem – quão depressa daremos mate a esse Rei Divino que não poderá, nem quererá, escapar-nos das mãos?

2. A rainha é a pedra que mais guerra pode fazer ao rei neste jogo, e todas as outras a ajudam. Não há rainha que force o Rei do Céu a render-se como a humildade: esta o trouxe do céu às entranhas da Virgem; e é também por ela que o traremos às nossas almas, preso como por um fio de cabelo[40]. E crede: quem mais humildade tiver, mais o terá; e quem tiver

---

40. Alusão às palavras do Cântico de Salomão: "[...] roubaste meu coração com um só de teus olhares, com uma só joia de teu colar" (Ct 4,9).

menos humildade, também o terá menos. Sim, porquanto, em meu ver, não há e nem pode haver humildade sem amor, nem amor sem humildade; tampouco é possível subsistirem estas duas virtudes sem grande desapego de todo o criado.

3. Perguntareis, minhas filhas, para que vos trato de virtudes, se tendes tantos livros que vo-las ensinam? Não quereis saber senão de contemplação. E eu vos digo: caso se tratasse de meditação, ainda me seria possível discorrer quanto a ela e aconselhar que todos a tivessem, mesmo que estivessem destituídos de virtudes; é, pois, princípio para alcançá-las todas, e o começar a meditar, para nós cristãos, é caso de vida ou morte. Ninguém, por perdido que seja, deve deixar de exercitar-se nela quando Deus o convida a gozar de tão grande bem. Isto já escrevi algures; e igual conselho dão muitas outras pessoas que sabem o que dizem, ao passo que eu, por certo, não sou deste número. Deus bem o sabe.

4. Tratando-se, porém, de contemplação, filhas, é outro o caso. Eis um engano muito difundido: se alguém toma cada dia algum pequeno tempo para pensar em seus pecados – e está obrigado a fazê-lo sob pena de ser cristão só de nome –, logo dizem que é muito contemplativo; e, sem mais nada, exigem dele tão sólidas virtudes como deve haver em quem está em muito alto grau de contemplação. Ele próprio pretende isso, mas está errado. Não soube entabular o jogo nos princípios: pensou que bastava conhecer as peças para dar mate; mas é impossível, porquanto este Rei não se entrega senão a quem de todo se entrega a ele"[41].

5. Por conseguinte, filhas, se quereis que vos ensine o caminho para chegar à contemplação, sofrei que me demore um pouco acerca de certas coisas, que, embora à primeira vista não tenhais por muito importantes, não o deixam de ser, segundo me parece. Se as não quiserdes ouvir nem praticar, ficai-vos com vossa oração mental toda a vida, pois eu vos asseguro – a vós e a todas as pessoas que pretenderem este bem –

---

41. Os parágrafos assinalados com aspas são tomados do Mosteiro do Escorial e enxertados no texto de Valladolid por todos os editores.

que não chegareis à verdadeira contemplação. Pode ser que eu me engane, porque julgo por mim, mas o fato é que debalde a procurei durante vinte anos.

6. Como algumas o não entendem, quero agora declarar o que é oração mental. Praza a Deus que a tenhamos como convém; mais receio em demasia que nos custe muito trabalho se não procurarmos praticar as virtudes, ainda que não em tão alto grau como se requer para a contemplação. Asseguro-vos que não virá o Rei da Glória à nossa alma – com isto quero dizer: a permanecer em íntima união com ela – se não nos esforçamos por adquirir grandes virtudes. Explicar-me-ei porquanto, se me apanhardes em alguma inexatidão, não me dareis mais crédito; e teríeis razão se houvesse advertência da minha parte, mas Deus tal não permita! Se eu errar, será por falta de saber ou de compreender bem as coisas. Quero, pois, dizer que algumas vezes se dignará Deus fazer tão grande favor a pessoas que estejam em mau estado com o fim de arrancá-las por este meio às garras do demônio!

7. Ó Senhor meu, quão amiúde vos fazemos andar às voltas com o infernal inimigo! Não foi o bastante vos terdes deixado tomar em seus braços quando, para nos ensinardes a triunfar sobre suas insídias, fostes levado ao pináculo do templo?[42] Mas que seria, filhas, ver junto aquele Sol com aquelas trevas? Que terror sentiria o desventurado, sem mesmo saber-lhe a causa! Sim, pois não permitiu Deus que a entendesse. Bendita seja excelsa piedade e misericórdia! Que vergonha deveríamos ter, repito, nós que somos cristãos, de fazê-lo andar cada dia às voltas com tão imunda criatura! Bem necessário foi, Senhor, que fossem tão fortes os vossos braços! Mas como não vos ficaram debilitados por tantos tormentos como padecestes na cruz! Oh! é bem verdade: tudo o que se sofre por amor, por amor se cura; e assim, creio, se vos ficasse a vida, o mesmo amor que me tendes tornaria a curar vossas chagas, sem necessidade de outra medicina. Ó Deus meu! e quem me dera tal remédio, em todas as circunstâncias que me causassem pena e trabalho! Quão de boa vontade as desejaria, se tivesse certeza de ser curada por tão salutar unguento!

---

42. Mt 4,5.

8. Torno ao que dizia. Há certas almas que Deus conhece poder granjear para si por este meio. Vendo-as de todo perdidas, quer Sua Majestade que, de seu lado, não fique por fazer coisa alguma, e, conquanto estejam em mau estado e desprovidas de virtudes, dá-lhes gostos, regalos e ternuras que principiam a despertar nelas bons desejos. Chega mesmo a elevá-las à contemplação algumas vezes, embora de quando em vez e por pouco tempo; e assim faz para experimentar se com tão grande favor quererão dispor-se a gozá-lo com frequência. Se, porém, resistirem, perdoem-me elas – ou antes, perdoai-nos vós, Senhor, e deixai-me dizer – muito mau é que uma alma a quem vos chegais de modo deveras íntimo se chegue depois às coisas da terra, de modo que se apegue.

9. Tenho para mim que Deus Nosso Senhor experimenta deste modo a muitas pessoas, mas poucos são os que se dispõem para gozar de tão grande mercê. Quando o Senhor a concede e acha correspondência, estou certa de que jamais cessará de favorecer a alma até fazê-la chegar a grande altura. Quando não nos damos a Sua Majestade com a determinação com que se dá a nós, já muito faz o Senhor deixando-nos na oração mental e visitando-nos uma vez por outra, como a criados que trabalham na sua vinha. Quanto aos outros, são filhos mimosos que Ele não quis tirar de junto de si; tampouco os tira, porque já eles também o não querem deixar; fá-los assentar à sua mesa, dá-lhes do que ele mesmo come a ponto de tirar o bocado da boca para dar-lho.

10. Ó ditosos esforços, filhas minhas! Ó bem-aventurada renúncia a coisas tão pequenas e baixas que nos faz chegar a tão alto estado! Pensai bem: se estiverdes nos braços de Deus, que se vos dará de que vos culpem todas as criaturas? Poderoso é o Senhor para vos livrar de todos os ardis, pois com uma só palavra mandou que o mundo fosse feito, e o mundo se fez: para Ele, o querer é obrar. Não tenhais medo, portanto! Não permitirá que vos caluniem, a menos que o seja para maior bem de vossa alma, que tanto ama. Não corresponde com tamanha escassez a quem lhe quer bem; e, se assim é, por que,

minhas irmãs, não lhe mostraremos nosso amor por todos os meios ao nosso alcance? Vede que é linda troca: darmos nosso amor pelo seu! Lembrai-vos que tudo pode, e nós, aqui na terra, nada podemos, a não ser aquilo que Ele nos faz poder. Em suma, que fazemos, Senhor, por Vós, que sois o nosso Criador? Nada, a bem dizer: uma pequenina resolução. Mas se com este nada quer Sua Majestade que mereçamos o Tudo, não sejamos desatinadas.

11. Ó Senhor! todo o mal nos vem de não mantermos sempre os olhos fitos em Vós. Se não olhássemos outra coisa senão somente o caminho, depressa chegaríamos; mas damos mil quedas e tropeços, e perdemos o rumo, porquanto, repito, não pomos os olhos naquele que é o verdadeiro caminho. Dir-se-ia que nunca andamos por ele, de tal modo o estranhamos. Por certo é coisa digna de lástima o que algumas vezes acontece. Se nos querem diminuir no mínimo pontinho, não o sofremos, nem mesmo julgamos possível suportar semelhante afronta. Logo dizemos: "Não somos santos".

12. Deus nos livre, irmãs, de dizer, quando cairmos nalguma imperfeição: "Não somos anjos! Não somos santas!" Olhai que, embora o não sejamos, grande bem é pensar que se nos esforçarmos o poderemos ser, dando-nos Deus a mão; e não haja receio de que Ele nos falte, se não lhe faltarmos nós. E, pois não viemos aqui a outra coisa, mãos à obra, como dizem. Não haja empresa de maior serviço ao Senhor, em nosso ver, que não presumamos levar a termo, com seu favor. Esta presunção quisera eu ver reinar nesta casa, porque faz sempre crescer a humildade: ter uma santa ousadia, pois Deus ajuda aos fortes e não faz distinção de pessoas[43].

13. Muito me apartei do assunto. Quero tornar ao que dizia e declarar o que é oração mental e contemplação. Parece impertinência, mas para vós tudo serve; e pode ser que entendais melhor o meu grosseiro estilo do que outros elegantes. Dê-me o Senhor para isto seu favor. Amém.

---

43. Ef 6,9.

CAPÍTULO 17

Trata de como nem todas as almas são aptas para a contemplação, e como algumas tardam em chegar a ela. O verdadeiro humilde há de ir contente pelo caminho por onde o levar o Senhor.

1. Parece que, por fim, entrarei no assunto; mas ainda me resta discorrer acerca de um pontinho muito importante, porquanto diz respeito à humildade, e é bem necessário nesta casa[44], onde o principal exercício é a oração. Com efeito, como já vos tenho dito, deveis aplicar-vos com demasiado fervor na prática da humildade; e o que vou dizer pertence a esta virtude, e para todas as pessoas que se exercitam na oração é de grande alcance. Como poderá o verdadeiro humilde julgar-se tão bom como os que chegam a ser contemplativos? Deus o pode elevar, sim, a tão elevado estado, por suma bondade e misericórdia; mas, tome o meu conselho, e sempre escolha para si o último lugar, como o Senhor nos recomendou que fizéssemos e nos ensinou com as obras. Disponha-se cada uma de vós de modo que Deus a possa levar, se assim lhe aprouver, pelo caminho da contemplação; mas quando Ele o não fizer, lance mão da humildade e tenha-se por afortunada de servir às servas do Senhor, e louve a Sua Majestade, pois a trouxe para o meio delas quando merecia ser escrava do demônio no inferno.

2. Não digo isto de modo deveras infundado, pois, repito, muito importa entender que nem a todos leva Deus pelo mesmo caminho; e pode acontecer que esteja mais elevado aos olhos de Deus aquele que a seu próprio parecer está mais bai-

---

44. São José de Ávila.

xo. Assim, embora nesta casa todas tratem de oração, nem por isso todas hão de ser contemplativas. É impossível; e, por falta de entender esta verdade, sentirá grande esmorecimento aquela que o não é. A contemplação é dom de Deus, e, pois não é necessária à salvação, tampouco exigida de nós, ninguém pense que lhe pedirão conta se a não tiver. Por falta deste dom, não deixará uma religiosa de ser muito perfeita se fizer o que ficou dito; antes, poderá ser que tenha muito mais mérito, pois trabalha mais à sua custa, e é levada pelo Senhor como alma forte, a quem guarda para receber de uma só vez tudo o que não goza na terra. Nem por isso desanime, nem deixe a oração e os exercícios comuns a todas; pois, de quando em vez, o Senhor tarda em demasia, porém paga tão bem e tão por junto como em muitos anos tem dado a outras almas.

3. Passei mais de catorze anos sem conseguir ter nem mesmo meditação, a não ser enquanto leio algo. Haverá muitas pessoas em similar situação; e ainda outras que, ainda que se ajudem com leituras, não poderão meditar, senão tão somente rezar em voz alta, detendo-se mais em certas palavras. Há pensamentos tão vagamundos que não podem fixar-se num objeto; andam sempre irrequietos ao extremo que, se tentam pensar em Deus com diligência, logo caem em mil disparates, escrúpulos e dúvidas. Conheço uma pessoa bem idosa, de vida muito edificante, penitente e grande serva de Deus[45], a qual há longos anos gasta largas horas em oração vocal, mas é incapaz de oração mental.

O mais que pode é deter-se aos pouquinhos nas orações vocais. Há muitas pessoas assim; mas, se tiverem humildade creio que, no fim das contas, não ficarão menos favorecidas, antes, serão bem igualadas aos que gozam muitas delícias; e, em parte, com muito mais segurança, uma vez que não sabemos se os gostos vêm de Deus ou do demônio. Se não tiverem origem divina, haverá perigo, porquanto o fito do inimigo é

---

45. E grande monja, de todos os pontos de vista (Mosteiro do Escorial).

incutir soberba; mas se forem de Deus, não há que temer: consigo trazem humildade, como escrevi de modo assaz demorado noutro livro[46].

4. A alma que carece de consolação anda humilde; receosa de que seja por sua culpa, é sempre solícita e empenhada em progredir na virtude. Não vê alguém chorar uma lágrima que, se ela não as tem, não se julgue logo muito atrasada no serviço de Deus; e, entretanto, quem sabe se estará muito mais adiantada do que julga? De fato, as lágrimas, embora dignas de apreço, não são todas perfeitas; e na humildade, na mortificação, no desapego e noutras virtudes, há sempre mais segurança. Não há que temer; e, portanto, não tenhais medo de que deixeis de chegar à perfeição como os grandes contemplativos.

5. Santa era Marta[47], embora não conste que fosse contemplativa. E quereis mais do que chegar a ser como esta bem-aventurada, que mereceu hospedar a Cristo Nosso Senhor tantas vezes em sua casa, preparar-lhe o alimento, servi-lo e comer com Ele à mesa? Se se quedasse embebida como a Madalena, não haveria quem desse de comer ao Divino Hóspede. Pois bem! imaginai que esta Congregação é a casa de Santa Maria, e que nela há de haver de tudo. As que forem levadas pela vida ativa não murmurem das que muito se embeberem na contemplação, pois sabem que o Senhor há de tomar-lhes a defesa, embora se calem, porquanto, em geral, os contemplativos se descuidam de si e de tudo.

6. Recordem-se de que é mister ocupar-se alguém em guisar ao Senhor a comida, e tenham-se por ditosas de servi-lo como Marta. Notem que em grande parte a verdadeira humildade consiste em estarmos demasiado prontas para nos contentarmos com o que o Senhor quiser fazer de nós, achando-nos sempre indignas de ser chamadas suas servas. Por con-

---

46. *Livro da vida*, cap. 17, 19 e 28.
47. Lc 10,38-42.

seguinte: se contemplar e ter oração mental e vocal, e tratar dos enfermos, e ocupar-se nos ofícios da casa, e fazer os trabalhos, mesmo os mais ordinários, são todos serviços ao Hóspede que vem hospedar-se, comer e recrear-se conosco – que nos importa servi-lo antes de um modo que de outro?

7. Não digo que não vos esforceis por chegar à contemplação, e sim que vos exerciteis em tudo, porque, nesta matéria, não está em nossas mãos a escolha, senão nas do Senhor. Se Ele, porém, depois de muitos anos, quiser determinar a cada uma seu ofício, bonita humildade seria quererdes vós escolher... Deixai agir o Senhor da casa: sábio é Ele e poderoso, e entende o que vos convém e, ao mesmo passo, o que convém à sua glória. Fazei o que está em vosso poder, dispondo-vos para a contemplação pela perfeição acima dita, e ficai seguras: se Ele não vo-la conceder – e, creio, o não deixará de fazer se tiverdes verdadeiro desapego e humildade –, guardará seus regalos para vo-los dar por junto no céu. Quer levar-vos como alma forte, segundo vos afirmei outrora, dando-vos cruz, como sempre Sua Majestade teve na terra.

E que maior prova de amizade do que escolher para vós o que elegeu para si? Talvez não merecêsseis tão sublime prêmio por meio da contemplação! Juízos são de Deus, não vos deveis meter a investigá-los. Em verdade, bom é que a escolha não esteja em nossas mãos, pois logo, por imaginarmos achar mais descanso, seríamos todos grandes contemplativos! Oh! que verdadeiro lucro é não querer lucrar a nosso arbítrio! Assim, não há perda a temer, pois nunca permite Deus que padeça algum prejuízo a alma bem mortificada, a não ser para fazê-la ganhar mais.

CAPÍTULO 18

Continua a tratar da mesma matéria e diz quanto os trabalhos dos contemplativos são maiores que os dos ativos. Estes últimos encontrarão muito alento no que será dito.

1. A vós, filhas, que não conduz Deus não por este caminho da contemplação, asseguro uma coisa: segundo tenho visto e entendido, os que vão por ele não levam cruz mais leve, antes, vos espantaríeis se soubésseis as veredas e dificuldades por onde os guia o Senhor. Conheço os trabalhos de uns e de outros, e sei ao claro: são intoleráveis os que Deus dá aos contemplativos a tal ponto que os não poderiam sofrer se não fossem robustecidos com o manjar das consolações. E é muito claro. Se Deus leva por caminho de trabalhos aos seus muito queridos, como é certo –, e quanto mais os ama, maiores cruzes lhes dá – não há motivo para crer que aborreça os contemplativos, pois com sua própria boca os louva e os tem por amigos.

2. Ora, crer que Deus admita à sua estreita amizade gente regalada e sem trabalhos, é disparate. Tenho por indubitável: Deus dá muito maiores cruzes aos contemplativos, e por isso mesmo, os leva por caminho áspero e cheio de barrancos onde, por vezes, julgam-se perdidos e prestes a ter de andar uma vez mais tudo quanto já andaram, de modo que vê Sua Majestade ser preciso dar-lhes mantimento. E não água, senão vinho, para que, embriagados, não se deem conta do que padecem, e deste modo o consigam sofrer. E assim, poucas almas vejo serem, de fato, contemplativas, sem que sejam, ao mesmo tempo, animosas e determinadas a padecer; pois a primeira maravilha que opera o Senhor, quando são fracas, é infundir-lhes ânimo e fazer que não temam os trabalhos.

3. Os de vida ativa, segundo creio, caso observem nelas algum pequeno regalo, logo imaginam que é sempre assim; pois eu vos digo: talvez nem um dia pudésseis suportar o que padecem. É por isso que o Senhor, como conhece todos os homens e sabe para o que servem, dá a cada um seu respectivo ofício, o qual é sempre o mais conveniente para a alma, para a glória do próprio Senhor e para o bem dos próximos. Contanto que de vossa parte não haja falta por não vos haverdes disposto, ficai certas de que não perdereis vosso trabalho. Prestai atenção: digo que todas nos devemos dispor e esforçar, pois não estamos aqui para outra coisa; e isto não só durante um ou dois anos, nem mesmo de dez. Não pareça que por covardia desertamos! É bem que o Senhor entenda como, da nossa parte, não poupamos diligência – à semelhança de soldados, que, mesmo depois de longos anos de serviços, hão de estar sempre de prontidão para ocupar o posto em que os queira colocar o chefe, pois dele hão de receber o soldo. E quão melhor paga dá o Rei do Céu em relação aos da terra!

4. Vendo-nos ele em sua presença e com ânsias de servi-lo, reparte os ofícios de acordo com as forças, já ciente das capacidades e aptidões de cada um. Se não nos achasse firmes no posto, não nos confiaria missão alguma, nem expedições em que o servíssemos. Por conseguinte, irmãs, oração mental! e quem não conseguir tanto, faça-a vocal, bem como lição e colóquios com Deus, como direi adiante. Nenhuma deixe as horas de oração em comunidade, pois não sabe quando a chamará o Esposo. Não lhe aconteça como às virgens loucas[48]. Talvez queira Ele mesclar de consolações vossos maiores labores; se o não fizer, convencei-vos de que não sois chamadas à contemplação e de que vos convém mais a vida ativa. Aqui é ocasião de merecer por meio da humildade, persuadindo-vos no mais íntimo de que não tendes préstimos nem para o que fazeis.

---

48. Mt 25,1-13.

5. Vivei alegre, a fazer os serviços de que sois incumbidas, como já disse; e, se for verdadeira essa humildade, bem-aventurada tal serva de vida ativa que não murmurará senão de si![49] Deixe as outras com suas guerras, que não são pequenas. Na batalha, o alferes não peleja, mas nem por isso deixa de correr grande perigo; no interior, deve lutar mais que todos, porquanto, por ser incumbido de levar a bandeira, não pode defender-se, e, ainda que o despedacem, não há de largá-la das mãos. Assim, o contemplativo há de levar bem erguida a bandeira da humildade e receber todos os golpes que lhe derem, sem retribuir nenhum; pois seu ofício é padecer como Cristo, arvorar bem alto a cruz, não a soltar das mãos, ainda nos maiores riscos, nem denotar fraqueza no padecer. Para isto lhe foi dado tão honroso cargo. Veja o que faz: se largar a bandeira, perder-se-á a batalha. Com efeito, resulta enorme dano, creio eu, para as almas pouco adiantadas na virtude, quando veem que as obras dos que já são tidos em conta de capitães e amigos de Deus não correspondem ao seu alto cargo.

6. Os soldados rasos se arranjam de qualquer modo, e, por vezes, apartam-se dos postos mais perigosos sem causar reparo nem perder honra; mas os capitães são alvo de todos os olhares: não podem fraquear. Reconheçamos, pois: honroso é o cargo; eminente dignidade e grande mercê outorga o rei a quem o dá; mas quem o aceita não se obriga a pouco. Por conseguinte, irmãs, não sabemos o que pedimos[50]; deixemos o Senhor fazer o que lhe aprouver. Pessoas há que parecem pedir a Deus regalos, como que por rigor de justiça. Engraçada humildade! Bem faz o conhecedor de todos, que poucas vezes, creio, os dá a semelhantes almas: logo vê que não são capazes de beber o cálice[51].

---

49. Mais quisera eu imitá-la do que a algumas contemplativas (Mosteiro do Escorial).
50. Mt 20,22.
51. Mt 20,22.

7. Vossa norma para entender se estais adiantadas, filhas, será ver cada uma se se considera a pior de todas; e isto de modo que mostre tão somente pelas obras que assim reconhece, para aproveitamento e bem das outras, em vez de se tem mais gostos na oração, e arroubamentos, ou visões, ou mercês sobrenaturais que o Senhor por vezes concede. Para lhes conhecer o valor aguardemos o outro mundo; as virtudes, pelo contrário, são moeda corrente, são renda segura, juros perpétuos, e não censos que nos podem ser tirados, como acontece com essas mercês, que ora nos vêm, ora nos vão. Refiro-me a uma sólida virtude de humildade e mortificação, a uma obediência tão perfeita que não se aparte nem uma linha sequer da vontade do prelado, pois sabeis, em verdade, que estais em lugar de Deus, e são ordenações divinas as suas. Nesta matéria da obediência é que eu deveria mais insistir; como, porém, me parece que não ser obediente é não ser monja, e digo a monjas boas ou, pelo menos, às desejosas de o ser, julgo escusado me expressar. Em coisa tão clara e importante, direi apenas uma palavra, para que o não esqueçais.

8. Ei-la: quem estiver sob voto de obediência e faltar a ela, sem sumo esmero de cumprir com a máxima perfeição o voto que fez, não sei para que está no convento. Ao menos, asseguro-lhe: enquanto faltar neste ponto, nunca chegará a ser contemplativa, nem mesmo boa na vida ativa. Tenho isto por verdade indubitável. E até qualquer pessoa não ligada pelo voto de obediência, se quer ou pretende atingir a contemplação, deve, a fim de caminhar com acerto e segurança, submeter-se por inteiro a própria vontade a um confessor digno deste nome, pois se sabe verdadeiramente que deste modo se aproveita mais em um ano do que em muitos sem que haja sujeição. Como, porém, não é este o vosso caso, não vejo necessidade de me estender mais.

9. Concluo dizendo que estas virtudes são as que desejo ver em vós, filhas minhas. Procurai-as, invejai-as com santidade; quanto a essas outras devoções, não fiqueis pesarosas se as

não tiverdes: são muito incertas. Poderá acontecer que em outras pessoas procedam de Deus os favores; e em vós, por permissão de Sua Majestade, serão ilusões do demônio, o qual vos enganará como tem feito a outras almas. Para que haveis de querer servir ao Senhor em coisa duvidosa, tendo tantas outras seguras em que o podeis servir? Para que vos meterdes nesses perigos?

10. Demorei-me tanto neste ponto porque sei que é preciso. Com efeito, esta nossa natureza é fraca, mas quando Deus quer dar contemplação a uma alma, Sua Majestade a torna forte. Aos que não forem favorecidos com este dom, alegrei-me de dar estes conselhos, com os quais também os contemplativos se humilharão[52]. O Senhor, por quem é, nos dê luz para seguirmos em tudo sua vontade, em virtude da qual nada teremos a temer.

---

52. Se me alegardes, filhas, que não tendes necessidade destes conselhos, dir-vos-ei que, para o futuro, quiçá alguma de vós se deleite com eles (Mosteiro do Escorial).

CAPÍTULO 19

Principia a tratar da oração. Dirige-se às almas que não podem discorrer com o entendimento.

1. Há tantos dias escrevi as páginas precedentes sem depois achar nem sequer um instante para prosseguir, que, se o não tornasse a ler, não saberia o que dizia. A fim de não perder tempo, direi o que me ocorrer, sem método. Para entendimentos bem-ordenados e almas exercidas e capazes de se concentrarem, há tantas excelentes obras e de pessoas de tamanho valor que seria erro fazerdes caso do que vos escrevo em matéria de oração. Tendes desses livros que trazem, repartidos pelos dias da semana, os mistérios da vida do Senhor e de sua paixão, além de meditações a respeito do juízo, do inferno, do nosso nada e dos imensos benefícios de Deus; tudo acompanhado de excelente doutrina e avisos acerca do modo de entrar na oração e de a concluir. A quem puder orar deste modo, e já estiver a ele acostumado, nada tenho a dizer: por caminho tão seguro será levada pelo Senhor a porto de luz, e com tão bons princípios chegará a feliz termo. Todos aqueles que assim lograrem fazer, encontrarão repouso e segurança, porquanto, uma vez atado o entendimento, poderão caminhar com descanso. Mas, de outro ponto quero eu tratar; sugerir algum remédio, se o Senhor me permitir que acerte. Se o não conseguir, entendereis, ao menos, que há muitas almas sujeitas a este trabalho de que declararei, e não vos afligireis quando o tiverdes.

2. Ei-lo: certas pessoas há que têm o entendimento tão desbaratado como cavalos sem freio[53]. Seja por sua própria na-

---

53. O cavaleiro que monta semelhantes corcéis, se é destro, nem sempre corre perigo, mas se vê em apuros algumas vezes; e, embora esteja seguro acerca da vida, a custo os sujeita ao freio e não está de todo livre de fazer alguma figura triste (Mosteiro do Escorial).

tureza ou por permissão de Deus, não há quem lhes detenha a imaginação: ora enveredam por um lado, ora por outro; andam sempre irrequietas. Tenho grande pena dessas almas, porque me dão a impressão de pessoas que, por morrerem de sede, avistam a água muito ao longe e, querendo buscá-la, acham quem lhes obsta o passo no princípio, no meio e no fim. Acontece que, por já terem vencido os primeiros inimigos à custa de grandes labores e esforços, ao chegar aos segundos, deixam-se vencer, e preferem morrer de sede a beber água que tanto lhes há de custar. Esmorecem, perdem o ânimo. Outros se alentam a vencer ainda os segundos inimigos: mas aos terceiros, desfalecem; e, no entanto, estavam porventura a dois passos da fonte da água viva da qual disse o Senhor à samaritana: Quem dela beber não terá mais sede[54]. E como são reais e verdadeiras estas palavras, pois saíram da boca da própria Verdade! Sim, não terá sede de coisa alguma desta vida, mas, das coisas do céu, ficará muito mais sequioso. É um tormento de que mal se pode fazer ideia cá embaixo, em virtude da sede natural. Mas quão ávida de tamanha sede vive a alma! É que entende seu alto valor e sabe que, embora demasiado penosa e dolorosa, traz consigo a mesma saciedade com que se farta. É sede que não faz morrer senão às coisas terrenas; antes, dá fartura, e assim, quando Deus a satisfaz, uma das maiores mercês que pode fazer à alma é deixá-la com a mesma necessidade e sempre com maior sede de tornar a beber dessa água.

3. Vêm-me agora à lembrança três propriedades que tem a água. Haverá muitas outras, mas estas me vêm ao caso. A primeira é refrescar: por maior calor que tenhamos, ao chegarmos à água, logo sentimos refrigério; e também extingue o fogo, até mesmo o mais violento, exceto o de alcatrão, capaz de atear mais. Oh! Valha-me Deus! Quantas maravilhas encerradas neste recrudescer do fogo com a água, quando é fogo vivaz, possante, não sujeito aos elementos, já que a própria água,

---

54. Jo 4,6-14.

apesar de lhe ser contrária, não o empece, antes, o faz crescer! Ser-me-ia muito proveitoso neste ponto consultar alguém que soubesse filosofia[55] e me explicasse as propriedades das coisas, para que eu me soubesse declarar; pois com estes pensamentos me deleito aos poucos, mas não me sei exprimir, e talvez nem mesmo o entenda bem.

4. Quando Deus, irmãs, vos trouxer a beber desta água – e algumas dentre vós já dela bebem –, achareis gosto nesta comparação e entendereis como o verdadeiro amor de Deus, quando em toda a sua força, é de todo livre das coisas da terra, porquanto já paira acima de todas elas; é senhor de todos os elementos e do próprio mundo. E como a água procede da terra, não tenhais medo que apague este fogo de amor de Deus: não tem jurisdição nele. Conquanto sejam contrários, ele é já senhor absoluto e não lhe está sujeito. E assim, não vos espanteis, irmãs, do empenho com que neste livro vos estimulo a procurar esta liberdade. Não é lindo que uma pobre monja de São José possa chegar a ter domínio sobre a toda a terra e seus elementos? E será de espantar que os santos, com o favor de Deus, fizessem deles o que queriam? A São Martinho o fogo e a água prestavam obediência; até mesmo as aves e os peixes o faziam a São Francisco; e assim a muitos outros santos, nos quais se via ao claro que eram a tal ponto senhores de todas as coisas do mundo porquanto tinham bem trabalhado para menosprezá-las, e se haviam sujeitado deveras, com todas as suas forças, àquele que é Senhor do universo. Repito, pois: contra este fogo não tem poder a água que brota da terra; suas chamas são muito altas e não tiram origem de coisa tão baixa. Outros fogos há de pequeno amor de Deus que qualquer sucesso pode matar, mas este não! Ainda que venha até ele um mar de tentações, não deixará de arder e triunfará sobre todas elas.

---

55. A palavra filosofia é empregada, de modo geral, como um conjunto de todas as ciências.

5. Se é água que chove do céu, ainda muito menos o matará: não são contrários; ambos têm a mesma origem. Não tenhais receio de que estes dois elementos se prejudiquem um ao outro, antes, um ajuda o efeito do outro; pois a água das lágrimas verdadeiras que brotam da verdadeira oração, de fato dadas pelo Rei do Céu, contribui para que este fogo mais se inflame e dure mais tempo; e ele, de seu lado, torna esta água mais refrescante. Oh! valha-me Deus! Que coisa tão linda e maravilhosa é que o fogo dê refrigério! Pois assim é; e até chega a gelar todas as afeições do mundo quando se junta com a água viva do céu, que é o manancial de onde procedem as lágrimas de que discorri acima, lágrimas essas dadas pelo próprio Deus, e não adquiridas por artifícios nossos. Quão certo é que a alma não sente calor em relação a coisa alguma do mundo, de modo que se detenha nela; a menos que se trate de incendiar outras almas, porquanto é próprio deste fogo não se contentar com pouco; antes, se estivesse a seu alcance, abrasaria todo o mundo.

6. A outra propriedade é purificar o que não está limpo. Que seria do mundo se não houvesse água para lavar? Quereis saber até que ponto purifica esta água viva, esta água celestial, esta água cristalina, quando não está lodosa, nem turva, quando cai do céu? Mesmo bebida uma só vez – tenho por certo – deixa a alma clara e lava de todas as culpas. Com efeito, segundo escrevi em algures[56], esta água Deus não dá a beber – pois é coisa de todo sobrenatural esta divina união, e não depende de nós – a não ser com o fim de purificar a alma, deixando-a limpa e livre do lodo e miséria em que, por suas culpas, estava metida. Nos outros gostos espirituais que nos chegam por intermédio do entendimento, a água apenas corre pela terra; não é bebida junto à nascente; não deixa de encontrar pelo caminho algum lodo em que se detenha: não é pura e límpida por completo. A esta oração que discorre, como digo, com o entendimento, não dou o nome de água viva, nem o merece,

---

56. *Livro da vida*, cap. 19.

em meu ver. É que, por muito que pretendamos fazer, sempre a nossa alma, em consequência da união com o nosso corpo e com a nossa baixeza natural, sente que se lhe apega, mau grado seu, alguma das impurezas do caminho.

7. Intento melhor explicar. Estamos a considerar o que é o mundo e como tudo nele acaba, com o fim de desprezá-lo por completo; e eis que, sem quase o percebermos, nos achamos metidos nas coisas mundanas a que temos amor. Desejando fugir delas, encontramos pelo menos algum tropeço quando nos pomos a pensar: Como foi que sucedeu? E que virá a acontecer? Como fiz isto e como farei aquilo? Assim, para examinar o modo conveniente de nos livrarmos, às vezes nos metemos mais uma vez em perigo. Não é que por isso se deva deixar a meditação, mas é preciso estar de sobreaviso e não se aventurar de modo deveras descuidado. Na oração sobrenatural, chama o Senhor a si este cuidado e não o quer fiar de nós. Estima tanto a nossa alma a ponto de não a deixar meter-se em coisas que a possam prejudicá-la naquele tempo em que se digna cumulá-la de seus favores. Chega-a, de súbito, para junto de si, e ensina-lhe, num só relance, mais verdades, bem como lhe dá mais reluzente conhecimento do valor real de todas as coisas do que poderíamos adquirir em longos anos com os nossos recursos naturais. É porque não temos a vista desimpedida: cega-nos o pó que encontramos ao longo do caminho. Quando, ao revés, é o Senhor que nos leva, achamo-nos no termo da jornada, sem entender como.

8. A outra propriedade da água é fartar e tirar a sede. Segundo me parece, ter sede implica ter desejo de uma coisa que nos faz grande falta, e tanta que, se nos virmos de todo sem ela, perderemos a vida. Coisa estranha! Se falta, nos faz morrer; e se vem em demasia, nos acaba a vida, como acontece a muitos, que morrem afogados. Ó Senhor meu, feliz aquele que se visse tão engolfado nessa água viva a ponto de lhe findar a existência! Mas como pode ser isto? Sim, é possível crescer tanto o amor e desejo de Deus que o não possa aguentar a fra-

94

queza humana; e algumas pessoas têm sucumbido deste modo. Sei de uma[57] que não teria resistido se Deus não a socorresse de pronto com esta água viva em tão grande abundância que a tirava quase de si com arroubamentos, porquanto nela era a sede tão imensa e tão progressivos os desejos que entendia ao claro ser muito possível morrer de sede se a não remediassem. Com esses arroubamentos que a tiram quase por inteiro de si, descansa a alma. Dir-se-ia que, afogada e incapaz de suportar o mundo, ressuscita em Deus, e Sua Majestade a habilita para poder gozar daquilo que, em virtude de estar em si, jamais aguentaria sem se lhe acabar a vida.

9. Por aqui se veja como em nosso bem supremo não há coisa que não seja muito cabal. Tudo o que Ele dá é para nosso benefício, e, por mais que nos inunde desta água, não pode haver demasia nos seus dons, porquanto, se muito dá, habilita a alma, como deixei dito, para que seja capaz de beber muito mais. Trata-se de algo similar a quando um oleiro faz a vasilha de tamanho proporcional ao líquido que nela quer deitar. Onde nunca deixa de haver imperfeição é nos nossos desejos, por isso mesmo que vêm de nós. Só têm eles de bom o que procede da graça do Senhor; mas somos tão indiscretos, e é pena tão suave e gostosa, que nunca nos fartamos de saboreá-la; comemos sem medida, excitamos quanto nos é possível estas ânsias, e, deste modo, chegam por vezes a matar. Que morte ditosa! Mas quem sabe se com a própria vida poderia essa alma ajudar a outros a morrerem pelo desejo de tal morte? Isto, creio eu, procede do demônio, uma vez que, ao entender o prejuízo que lhe há de sobrevir de tais pessoas enquanto viverem, tenta-as neste ponto, e também com indiscretas penitências, a fim de acabar-lhes com a saúde. E não ganha pouco nisto...

10. Repito, pois: quem chegar a ter esta sede tão impetuosa, acautele-se, porque, asseguro-lhe, terá esta tentação; e, se não morrer de sede, perderá a saúde pois, mau grado seu,

---

57. *Livro da vida*, cap. 20. Santa Teresa refere-se a si mesma.

dará demonstrações exteriores, o que é preciso evitar em absoluto. Algumas vezes, de pouco servirá nossa diligência, e não poderemos, como quiséramos, dissimular tudo; mas acautelemo-nos quando nos sobrevierem esses ímpetos tão veementes de desejos cada vez mais elevados, e não os façamos crescer. O melhor é atalhar com suavidade por meio de outra consideração, pois, não raro, terá neles nossa natureza tanta parte como nosso amor. Com efeito, há certas pessoas que não sabem desejar sem grande veemência qualquer coisa, ainda mesmo que seja má. Estas, não creio que sejam muito mortificadas.

Quanto é certo que para tudo é de proveito a mortificação! Parece desatino obstar coisa tão santa; mas longe disto! Pois não aconselho a suprimir o desejo, e sim a moderá-lo e substituí-lo por outro, quiçá de igual valor para a alma.

11. Quero explicar-me para me fazer melhor compreender. Dá a alguém um imenso desejo, como tinha São Paulo, de se ver já com Deus, desatado do cárcere deste corpo. Pena causada por tal motivo deve ser deliciosa; não lhe será mister pouca mortificação para obstá-la, e nem o conseguirá de todo. Poderá tornar-se tão intenso o penar que lhe faça quase perder o juízo. Assim vi, não há muito, uma pessoa[58] – de natureza impetuosa, mas tão educada em quebrar a própria vontade, que parece tê-la já perdido, como se vê, noutras circunstâncias – a qual, durante algum tempo, ficou desatinada pela intensidade da dor e pela violência que tinha de fazer para dissimular. Digo, pois: em caso tão excessivo, ainda quando provenha do espírito de Deus, é próprio da humildade o temer; porquanto não havemos de pensar que chegue a tanto nossa caridade que nos ponha em tais extremos.

12. Digo ainda que não terei por mau que mude o desejo; se o conseguir – bem entenda-se –, pois talvez nem sempre esteja em suas mãos fazê-lo. Pense que, vivendo, servirá mais a Deus; poderá dar luz a alguma alma que de outro modo quiçá

---

58. A própria santa.

se viria a perder; ao acumular serviços, acrescentará méritos pelos quais poderá gozar mais de Deus; e, enfim, lembre-se de que trabalhou muito pouco, e tema. Mediante estes pensamentos achará consolação e lenitivo para sua grande aflição; aplacará sua pena e ganhará muito, pois só pela esperança de servir ao próprio Senhor consente em permanecer no exílio e viver com sua mágoa. É como se, a alguém que estivesse sofrendo suma angústia ou grave dor, disséssemos que se console; tenha paciência; fique abandonado nas mãos de Deus a fim de que a seu respeito se cumpra a vontade do Senhor, pois não há coisa mais acertada do que nos entregarmos à providência divina.

13. Deste modo, se o demônio tiver contribuído de qualquer maneira para tornar tão grandes esses desejos, sairá confuso. E bem pode ser ele, como fez, segundo narra Cassiano[59] creio eu, com certo ermitão de vida aspérrima, ao qual sugeriu que se lançasse num poço para ver a Deus mais depressa. Estou bem convencida de que este, porventura, não tivesse servido a Deus com humildade e perfeição, porque fiel é o Senhor, e jamais consentiria Sua Majestade tal cegueira em coisa tão manifesta num servo seu. Mas está claro: se as ânsias foram de Deus, não ocasionariam aquele mal, pois trariam consigo luz, discrição e comedimento. Isto é deveras indubitável. Acontece, porém, que nosso irreconciliável inimigo, por todos os modos ao seu alcance, procura perder-nos; e, portanto, já que ele não anda descuidado, não o andemos também nós. Este aviso é importante para muitos casos, como, por exemplo, para encurtar o tempo da oração, por saborosa que seja, quando vemos que se nos acabam pouco a pouco as forças corporais ou se nos enfraquece a cabeça. Em tudo a discrição é sumamente necessária.

14. Sabeis com que intento, filhas, vos quis declarar o termo da viagem e mostrar o prêmio antes da batalha, dizendo-vos o bem que se encerra no conseguir beber desta água viva

---

59. Conferência 2, cap. 5.

da fonte celestial? É para que não acheis demasiado o trabalho e a contradição que se encontram pelo caminho, e prossigais com ânimo, sem vos deixardes vencer pelo cansaço; pois, como já disse, poderá acontecer que, depois de chegadas à fonte e de só vos faltar abaixar-vos para beber, abandoneis a empresa e percais tão grande bem em virtude da falsa persuasão de que não tendes forças nem capacidade para conquistá-lo.

15. Vede que o Senhor convida a todos[60] e, sendo Ele a própria Verdade, não há do que duvidar. Se não fosse irrestrito este convite, o Senhor não faria tão universal chamado, ou, pelo menos, não diria: Eu vos darei de beber[61]. Poderia dizer: Vinde todos, que, afinal de contas, nada perdereis, e darei de beber àqueles que eu quiser. Mas já que a todos chama, sem impor condição alguma, tenho por certo que não faltará esta água viva a quem não se deixar ficar no caminho. O Senhor, que a promete, nos dê graça – por quem Sua Majestade é – para a buscarmos como deve ser buscada.

---

60. Mt 11,28.
61. Jo 4,10.

CAPÍTULO 20

Diz como, por diferentes vias, nunca deixa
o Senhor de consolar neste caminho da oração.
Aconselha às irmãs que tratem sempre disto
em suas conversações.

1. Parece haver contradição entre o que escrevi no capítulo passado e o que tinha dito antes, quando, para consolar as que não chegam à contemplação, afirmei que há diversos caminhos por meio dos quais o Senhor leva a si as almas, assim como há muitas moradas[62]. Entretanto, não me desdigo. Com efeito, por conhecer Sua Majestade nossa fraqueza, atendeu a tudo segundo sua grande sabedoria; mas não disse: "Venham uns por este caminho, e outros por aquele"; antes, foi tão ilimitada a sua misericórdia que a ninguém tirou a liberdade de procurar atingir esta fonte de vida e dela beber. Bendito seja Ele para todo o sempre! E a mim, com que justiça o poderia vedar!

2. Se Ele me não mandou deixar este caminho quando o comecei, nem fez que me lançassem no profundo do inferno, é mais do que certo que a ninguém rejeitará. Pelo contrário! Convida e clama a todos em público[63]; mas, como é tão bom, não nos força, e, por diversas maneiras, dá de beber aos que o querem seguir para que nenhum se retire desconsolado nem morra de sede. Assim é que desta fonte caudalosa nascem arroios, uns grandes e outros pequenos; e até pequenas poças

---

62. Jo 14,2.
63. Estava ali Jesus, posto em pé, e clamava, dizendo: "Se alguém tiver sede venha a mim e beba. Quem crê em mim, como diz a Escritura, do seu interior correrão rios de água viva" (Jo 7,37-38).

para os meninos – isto é, os principiantes –, que se contentam com isto e ficariam amedrontados se vissem muita água. Por conseguinte, irmãs, não tenhais medo de morrer de sede neste caminho. Jamais falta a água da consolação a ponto de não se poder aguentar; e, pois é assim, tomai meu conselho e não pareis no meio da viagem; pelejai como fortes até morrer na demanda, pois não estais aqui para outra coisa senão pelejar. E se fordes sempre avante com esta determinação de antes morrer do que desistir de chegar ao termo da jornada, o Senhor, mesmo dado o caso de vos levar com alguma sede nesta vida, na outra, que há de durar para sempre, vos dará de beber com toda a abundância e sem perigo de que vos venha a faltar água. Praza ao Senhor não lhe faltemos nós. Amém.

3. Agora, para enveredar por este caminho a que me refiro, de maneira a não errar desde os primeiros passos, tratemos um pouco de como se há de principiar esta jornada, pois é o que mais importa, ou, antes, é de uma importância capital e absoluta. Não digo que desista da empresa quem não tiver a determinação em tão alto grau como vou explicar; pois o Senhor o aperfeiçoará aos poucos. Ainda quando não desse mais que um passo, este encerra tamanha virtude que é deveras indubitável que não ficará perdido, tampouco deixará de ser muito bem pago. É, digamos assim, como acontece a quem tem um rosário de indulgências[64]: ganhará as indulgências uma ou muitas vezes conforme rezar um ou muitos rosários. Se, porém, o meter na arca e nunca o tomar nas mãos, melhor lhe seria não o ter. Da mesma forma, quem começa a trilhar o caminho da oração, ainda que depois o deixe por conta do pouco que nele tiver andado, cobrará luz para prosseguir bem por outros caminhos; e quanto mais longe tiver ido, mais luz terá. Em suma, tenho por irrefragável que, embora tome depois outro rumo, nenhum prejuízo lhe causará o ter começado, porquanto o bem nunca faz mal. Por isso, filhas, procurai que todas as pessoas

---

64. *Una cuenta de perdones.*

com quem tratardes – se estiverem bem-dispostas e vos tiverem alguma amizade – percam o receio de buscar tão grande bem; e, por amor de Deus, vos peço: nas vossas conversações tendes sempre em vista o proveito dos que tratam convosco. Vossa oração há de ter por finalidade o bem das almas; e, já que o haveis de pedir sempre ao Senhor, pareceria mal, irmãs, se o não procurásseis por todos os modos.

4. Se boas parentas quereis ser, esta é a verdadeira amizade; se boa amiga, convencei-vos de que o não podeis ser senão por este caminho. Ande a verdade em vossos corações, como deve andar por meio do exercício da meditação, e vereis com demasiada clareza o amor que somos obrigadas a ter pelo próximo. Já não é tempo, irmãs, de brincadeiras de crianças; porquanto não me parecem outra coisa essas amizades do mundo, ainda quando são boas. Não haja entre vós expressões como esta: "Se me queres bem", "não me queres bem"; nem com parentes, nem com qualquer outra pessoa, a menos que tenhais em vista um grande fruto e proveito para alguma alma. Pode acontecer, com efeito, que seja necessário dispor o ânimo de vosso parente, ou irmão, ou pessoa conhecida, mediante essas frases e demonstrações de amor, sempre agradáveis à natureza, para que vos deem ouvidos e aceitem uma verdade: e não raro uma boa palavra – como dizem – dará mais resultado que muitas de Deus, uma vez que abrirá caminho a estas. Quando for assim, visando a benefício espiritual de alguém, não vo-las proíbo; mas a não ser neste caso, nenhum proveito podem trazer, e, pelo contrário, são capazes de vos fazer mal sem o perceberdes. Já todos sabem que sois religiosas, e tendes vida de oração. Não vos passe pela cabeça dizer: "Não quero que me tenham em boa conta". Em honra ou desonra para a comunidade, redundará aquilo que virem em vós. Grande mal é que pessoas tão obrigadas a não tratar senão com Deus, como são as monjas, tenham por lícito usar de dissimulação nesta matéria, a não ser alguma vez com intento de conseguir maior bem. Este é o vosso trato e modo de conversar; quem quiser ter relações

convosco, aprenda-o, e, caso contrário, guardai-vos de aprender vós o seu: seria um inferno.

5. Se vos tiverem por grosseiras, pouco perdereis! Se por hipócritas, ainda menos. Tirareis lucro, porquanto não vos verá senão quem souber a vossa língua, pois é impossível uma pessoa que não sabe árabe gostar de entreter-se longamente com quem não se exprime noutro idioma. Deste modo, nem vos cansarão, nem vos farão dano; e, do contrário, ficaríeis não pouco prejudicadas ao começar a aprender nova língua. Nisto perderíeis todo o vosso tempo, e vós não podeis calcular como eu – porquanto o sei por experiência – o quanto prejudica a alma; pois para aprender uma, esquece a outra, e vive num perpétuo desassossego. Por todas as maneiras haveis de fugir disto, uma vez que o que convém em demasia para este caminho do qual começamos a tratar é paz e tranquilidade na alma.

6. Se os que tratarem convosco quiserem aprender vossa língua, já que não tendes missão de ensinar, poderíeis dizer--lhes as riquezas que se ganham em aprendê-la. Disto não vos canseis; insisti com piedade e amor, ao mesmo tempo em que fazem oração, para que lhes sejam proveitosas vossas palavras, até que eles, com esperança de tão grande lucro, busquem mestre que os instrua. Não seria pequena mercê se o Senhor vos desse graça para despertar nalguma alma o desejo deste bem. Mas que coisas se nos oferecem ao espírito quando começamos a discorrer por este caminho, ainda mesmo a quem por ele tem andado tão mal como eu! Praza ao Senhor, minhas irmãs, que eu vo-lo saiba dizer melhor do que o tenho praticado. Amém.

CAPÍTULO 21

Trata do muito que importa começar com resolução inquebrantável o caminho da oração e sem fazer caso dos obstáculos suscitados pelo demônio.

1. Não vos espanteis, filhas, das muitas coisas que é necessário considerar antes de dar início a esta viagem divina, que é caminho real para o céu. Indo por ele, ganha-se inestimável tesouro: não é muito que, em nosso parecer, nos custe caro. Tempo virá em que se entenda como tudo é nada em comparação a tão grande prêmio.

2. Tornando agora aos que o querem seguir sem parar até o termo – que é chegar a beber desta água de vida –, direi como há de fazer quem principia. Importa muito, e acima de tudo, uma forte e inquebrantável determinação de não parar até chegar à fonte, venha o que vier, suceda o que suceder, custe o que custar, murmure quem murmurar; quer chegue ao fim, quer morra no caminho, quer não haja coragem para os trabalhos que nele se encontram; e ainda que o mundo venha abaixo, como acontece muitas vezes. Refiro-me a certos ditos: "Há perigos; fulana por aqui se perdeu; este se enganou; aquele, que rezava muito, caiu; isto desmoraliza a virtude; não é exercício para mulheres, sujeitas a ilusões; o melhor será que peguem do fuso; deixem-se dessas delicadezas; basta o Pai-nosso e a ave-Maria […]".

3. Por certo que basta! Isto também o digo eu, irmãs. Sempre é grande bem ir fundada vossa oração em preces saídas de tais lábios como os do Senhor. Neste ponto os mundanos têm razão: se nossa frágil natureza não estivesse já tão fraca, e nossa devoção tão tíbia, não haveria necessidade de outros livros nem de outros

modos de orar. E, assim, pareceu-me conveniente tomar por base o Pai-nosso para explicar uns princípios, meios e fins que poderão servir para a oração, sem deter-me, todavia, em coisas tão elevadas. Dirijo-me mormente às almas que não se podem recolher na meditação dos mistérios, porquanto julgam necessário lançar mão de artifícios, e há certos espíritos tão engenhosos a ponto de nada os contentar. Deste modo, não andareis receosas de que vos possam tirar os livros, pois, se fordes aplicadas e humildes, de nenhuma outra coisa sentireis falta.

4. Durante toda a minha vida tenho me afeiçoado às palavras do Evangelho, e estas me recolhem mais do que os melhores livros. Mormente quando os autores não são muito aprovados, nem tenho vontade de os ler. Chego-me, pois, a este Mestre da Sabedoria, a ver se me ensina alguma consideração que vos satisfaça. Não pretendo escrever comentário acerca destas divinas orações, tampouco me atreveria a tanto. Há vários publicados, e, ainda que os não houvesse, seria disparate meter-me eu nisto: irei tão somente tecer considerações acerca das palavras do Pai-nosso. Assim faço porque vez ou outra, à força de ler tantos livros, dir-se-ia que perdemos a devoção àquilo que, por nosso próprio interesse, mais deveríamos amar. Sim, porquanto claro está: todo mestre, quando ensina uma coisa, cobra amor ao discípulo, e, por gostar de ver que a estuda com prazer, muito o ajuda a aprendê-la. Assim fará conosco este Mestre celestial.

5. Por isso, nenhum caso façais dos temores que vos quiserem incutir, nem dos perigos que vos representarem. Seria engraçado que pretendesse eu ir em busca de um grande tesouro, por caminho infestado de salteadores, sem correr perigo algum! Tão bons não são os mundanos para que vo-lo deixem conquistar de modo pacífico! Muito pelo contrário, por um ceitil[65] de interesse são capazes de não dormir muitas noites e de vos desassossegar o corpo e a alma. Agora pergunto: se vos declaram

---

65. Um maravedi.

104

tantos riscos e vos inspiram tais temores, a vós que, por estrada real e caminho seguro, trilhado por nosso Rei e por todos os seus escolhidos e santos, ides conquistar este tesouro – ou antes roubá-lo, pois os esforçados o arrebatam[66], como diz o Senhor –, dizei-me: que perigos correrão aqueles que presumem, sem orientação alguma, ir em demanda desse mesmo bem?

6. Ó filhas minhas, correm muito maiores, e deveras incomparáveis; mas é que os não entendem até se despenharem como cegos no verdadeiro perigo, quando não há quem lhes dê a mão; e perdem de todo a água, sem beber pouco nem muito, nem de poça, nem de arroio. Imaginai agora: sem uma gota desta água, como percorrer caminho onde é forçoso pelejar com tantos inimigos? Está claro, quando menos pensarem, morrerão de sede, pois – queiramos ou não queiramos, filhas minhas –, todos nós nos dirigimos para a mesma fonte, ainda que por distintas maneiras. Crede-me, portanto; e não vos deixeis iludir se alguém vos indicar outra vereda que não seja a da oração.

7. Não é meu intento discutir agora se para todos deve esta ser mental ou vocal. Para vós, digo: ambas são imprescindíveis e constituem o ofício dos religiosos. Se alguém vos disser que é exercício perigoso, considerai-o como o perigo em pessoa, e fugi dele; ademais, não esqueçais esta minha recomendação, que talvez vos seja útil. Perigo será não ter humildade e as demais virtudes; mas que seja perigoso o caminho da oração?... Deus não o permita! É o demônio quem inventa e espalha esses temores, penso eu; e, como é devera ardiloso, conseguiu fazer cair algumas pessoas que davam mostras de ter vida interior.

8. E que cegueira vai pelo mundo! Não olham os muitos milhares de almas que têm caído em heresias e males funestos sem ter oração e a viver bem dissipadas; e se, de envolta com todos esses, o demônio, para lograr melhor seus planos, consegue derribar algumas pessoas dadas ao trato com Deus,

---

66. Mt 11,12.

logo começam a incutir terrores acerca do exercício da virtude. Quem lhes der ouvidos e, por temor, se apartar, tenha cuidado! Pois foge do bem para se livrar do mal. Nunca vi tão maligna invenção; bem mostra ter origem diabólica. Ó Senhor meu! Levantai-vos em vossa defesa! Vede o quão errôneo é o modo pelo qual interpretam vossas palavras. Não permitais semelhantes fraquezas em vossos servos.

9. A par disto, há um grande triunfo; é que sempre achareis alguém que vos ajude, porquanto o verdadeiro servo de Deus, iluminado por Sua Majestade acerca do caminho a seguir, tem esta particularidade: no meio de todos os temores, experimenta mais intensos desejos de não parar. Por entender com demasiada clareza de que lado o acomete o demônio, consegue furtar o corpo, e quebra-lhe a cabeça, deixando-o, com esta derrota, mais desmoralizado do que alegre com todas as vitórias que alcançam outras almas. Quando este inimigo, em tempos de alvoroto, semeia a cizânia e parece levar a todos em sua insídia, cegando-os quase por completo com pretexto de bom zelo, de repente, suscita Deus a um só que lhes abra os olhos e brade: "Tomai cuidado! Alguém espalhou uma névoa para vos desnortear". Que grandeza de Deus! Um homem só que diga a verdade – ou dois – muitas vezes pode mais do que uma multidão, e, animado de uma bravura divina, pouco a pouco faz tornarem os transviados ao reto caminho. Se os profanos apregoam que há perigo na oração, o servo de Deus procura dar a entender, mais pelas obras do que pelas palavras, o quanto ela é excelente; se alegam que não é bom amiudar as comunhões, ele as faz mais frequentes. Assim é que, em virtude de haver um ou dois que, intrépidos, sigam o mais perfeito, logo torna o Senhor a recuperar aos poucos o terreno perdido.

10. Por conseguinte, irmãs, deixai-vos desses medos; em coisas semelhantes nunca façais caso da opinião do vulgo. Atentai para o fato de que não estamos em tempo de se dar crédito a todos, senão só aos que tiverdes certeza de que agem em conformidade à vida de Cristo. Procurai ter limpeza de consciência e

humildade, desprezo de todas as coisas do mundo e fé inabalável no que ensina a Santa Madre Igreja; e, ao fazê-lo, ficai seguras de estar no bom caminho. Deixai-vos de temores, repito, onde não há o que temer. Se alguém procurar assustar-vos, declarai-lhe com humildade vossa norma de vida; dizei-lhe que a vossa regra vos manda orar dia e noite; e, pois assim vo-lo ordena, haveis de obedecer. Se vos replicarem que se trata de orar em voz alta, apurai se porventura convém aplicar o entendimento e o coração ao que rezardes. Se vos responderem que sim – e não poderão dizer outra coisa –, vereis como, com sua própria boca, confessam o quão forçoso é que vós unam à oração vocal a mental, e até mesmo a contemplação, se Deus vo-la conceder.

CAPÍTULO 22

Em que declara o que é oração mental.

1. Sabei, filhas, que não é o fato de estar a boca cerrada ou aberta que faz a oração ser ou não mental. Se, enquanto digo uma prece, estou por inteiro convencida e compenetrada de que trato com Deus, mais em virtude deste sentimento do que pela fórmula que pronuncio, juntas estão a oração mental e a vocal; a menos que vos aconselhem tratar com Deus e, ao mesmo tempo, pensar no mundo enquanto se põem a rezar o Pai-nosso, porquanto então me calo. Se, porém, haveis de tratar a tão grande Senhor como pede a razão, é justo que considereis quem é aquele com quem conversais, e quem sois vós, ao menos para usar de cortesia. Com efeito, como podeis dar ao rei o título de "Vossa Alteza", ou acertar com as cerimônias em uso para tratar com quem detém tamanha grandeza, se não entendeis bem qual é a posição social dele e qual é a vossa? Sim, pois é de acordo com a dignidade que se prestam as honras, e também conforme o uso em voga; pois até disto vos haveis de informar se não quiserdes ser despedidas como simplórias, sem conseguir êxito em negócio algum[67]. Mas que é isto, Senhor meu?... Que é isto, meu Imperador? Como se pode sofrer tal coisa? Sois Rei, Deus meu, por toda a eternidade; não

---

67. E se o não souberdes bem, tereis de aprender, e até soletrar os cumprimentos. Contar-vos-ei o que me aconteceu uma vez. Não tinha costume de tratar com os grandes, e, obrigada por certa necessidade, conversei com uma dama que tinha direito ao tratamento de Vossa Senhoria. Haviam-me ensinado, e, por assim dizer, soletrado o título, mas, por falta de memória e também de costume, ao lá chegar, não acertei bem. Por fim, resolvi confessar-lhe meus apuros e rir deles, pedindo-lhe que me permitisse dar-lhe o tratamento de Vossa Mercê, e assim fiz (Mosteiro do Escorial).

é emprestado o reino que tendes. Quando se diz no Credo: "Vosso reino não terá fim", experimento, quase sempre, particular regalo. Dou-vos mil louvores, Senhor, e bendigo-vos para sempre; enfim, vosso reino perdurará por toda a eternidade. Nunca permitais, Senhor, que se tenha por lícito que alguém vá entreter-se convosco e vos diga só com a boca.

2. Que é isto, cristãos? Então não é mister a oração mental? Os que entre vós assim declaram não sabem o que estão a dizer, e querem desatinar a todos. Não sabeis o que é oração mental, nem como se há de rezar a vocal, nem o que é contemplação; se o soubésseis, não condenaríeis por um lado o que louvais pelo outro.

3. Quanto a mim, sempre que me lembrar, hei de unir a oração mental à vocal no que escrevo, para que ninguém vos venha assustar, filhas. Sei aonde vão parar esses temores – como quem já padeceu alguns trabalhos nesta matéria – e por isso desejaria evitar-vos desassossegos; porquanto neste caminho é deveras prejudicial andar com medo. Muito importa a segurança de que ides bem, porque, ao dizer a um caminhante que vai errado e perdeu o rumo, este logo se põe a andar de um lado para outro, e, enquanto busca por onde há de ir, cansa-se, perde tempo e acaba por tardar a chegar.

Quem poderá reprovar que, antes de dar começo à reza das horas ou do rosário, é preciso que primeiro pensemos em quem é aquele a quem nos vamos dirigir, e quem somos nós que lhe declaramos, a fim de ver de que modo o havemos de tratar? Pois eu vos digo, irmãs, se fizerdes bem o muito que é mister para entender estes dois pontos, tereis ocupado demasiado tempo em oração mental antes de vos pordes a rezar em voz alta. Sim, pois a um príncipe não se há de tratar com a mesma irreverência que a um lavrador ou a uma pobre como nós, que se pode tratar de qualquer maneira.

4. A própria razão me faz compreender isto, conquanto este Rei, por sua humildade, não me deixe de atender e chamar para junto de si, a mim que, em virtude de ser tão grosseira, não lhe sei tratar do modo mais decoroso. Seus guardas, que são os anjos

ali presentes, não me põem para fora, pois, por conhecerem bem os gostos de seu Rei, a quem, porquanto tudo vê, mais agrada a grosseria de um pequenino e humilde pastor – o qual vê que quanto mais soubesse, mais diria – do que todos os elegantes raciocínios dos grandes sábios e letrados, quando não acompanhados de humildade. Assim que, por ser Ele tão bom, não nos havemos de mostrar-nos descomedidas. Ao menos para o desagravar do mau odor que sofre quando admite junto de si uma pecadora como eu, justo é que procuremos conhecer quem Ele é e qual a sua pureza. Na verdade, logo que se dá a conhecer, mal nos chegamos a Ele. Em relação aos senhores da terra, pelo contrário, é preciso indagar quem foi seu pai, quantos contos tem de renda, quais os seus títulos; e é o suficiente para saber quem é, porquanto aqui não se medem as honras pelos merecimentos das pessoas, e sim pelas suas fazendas.

5. Ó miserável mundo! Dai muitos louvores a Deus, filhas, por terdes deixado coisa tão ruim, onde não se faz caso das qualidades intrínsecas, e sim do número dos vassalos e das propriedades arrendadas a lavradores; e, se estas coisas faltam, logo lhes faltam também as honras.

É engraçado este costume, e bem próprio para vos divertir quando em comum tomardes alguma recreação. Bom passatempo é considerar o quão cegos são os dias pelos quais os mundanos passam.

6. Ó imperador nosso! sumo poder, suma bondade! Sois a própria sabedoria, sem princípio e sem fim! Vossas obras não têm limites: são infinitas, incompreensíveis, pélago sem fundo de maravilhas! Ó formosura que encerrais todas as formosuras e sois a própria fortaleza! Oh! valha-me Deus! Oxalá tivesse eu toda a eloquência e sabedoria dos mortais para bem saber – como é possível aqui na terra, onde toda a ciência é ignorância – e apregoar, neste momento, alguma das múltiplas grandezas que podemos considerar para ter algum vislumbre de quem é este Senhor e sumo bem nosso.

7. Sim, quando a Ele chegardes, refleti e procurai compreender com quem ides tratar, ou com quem estais a tratar.

110

Mil vidas das nossas não bastariam para acabarmos de entender como merece ser tratado este Senhor, em cuja presença tremem os próprios anjos. Tudo governa, tudo pode; seu querer é obrar. Ora, assim é, filhas, porquanto razão será de procurarmos nos deleitar nessas grandezas de nosso Esposo, e, destarte, vermos com quem estamos desposadas e que vida devemos levar com Ele. Oh! valha-me Deus! Aqui na terra, quando alguém se casa, trata, antes de tudo, de indagar quem é o noivo, quais suas qualidades e seus haveres; e nós, já desposadas, não pensaremos em nosso Esposo, antes do dia das bodas, em que nos há de levar à sua casa? Se no mundo não se proíbem estes pensamentos àquelas que estão prometidas em matrimônio aos homens, por que nos hão de proibir que façamos todas as diligências para entender quem é este Homem-Deus, bem como quem é seu Pai, e qual é a terra para onde me há de levar, e que bens são os que promete dar-me; que condição tem, como poderei melhor contentá-lo, em que lhe darei prazer, e como hei de aplicar-me por conformar meu gênio com o seu? Ora, a uma mulher, para que seja bem-casada, não lhe aconselham outra coisa senão que procure assim fazer, ainda que o marido seja de classe muito baixa.

8. Acaso será possível, Esposo meu, que em tudo façam menos caso de Vós que dos homens? Se acharem que não tenho razão, deixem-vos ao menos vossas esposas, pois estas hão de viver convosco! E, na verdade, é feliz vida! Se um esposo fosse tão ciumento a ponto de não permitir à esposa tratar com mais ninguém, acaso seria admirável se ela não cuidasse em lhe dar este prazer? Não deveria achar razoável tal imposição e sujeitar-se a não tratar com outro, porquanto tem no esposo tudo o que pode almejar? Entender estas verdades, filhas minhas, eis o que é oração mental. Se quereis rezar em voz alta enquanto vos nutris desses pensamentos, está muito bem: peço-vos, contudo, que não estejais a tratar com Deus enquanto pensam em outras coisas, pois isto decorre de não compreenderdes o que é oração mental. Penso que o deixo explicado: praza ao Senhor que o saibamos pôr em prática. Amém.

CAPÍTULO 23

Trata da importância de não tornar atrás a quem principiou o caminho da oração. Insiste na suma necessidade de enveredar por ele de modo deveras resoluto.

1. É deveras importante, repito, principiar com grande determinação, e isto por inúmeras causas, as quais me alargaria muito se as quisesse referir. Só duas ou três quero indicar-vos, minhas irmãs. Antes de tudo, não é justo que a este Senhor, que nos tem feito e, de contínuo, nos faz tantos benefícios, não demos, com toda a determinação, o que resolvemos dar-lhe. Refiro-me a esse pequeno ato de fidelidade, que, por certo, não desinteressante para nós, antes, acarreta-nos inúmeras vantagens. Não lho demos à maneira de empréstimo, com intenção de lho tornar a pedir: isto não me parece que seja dar. Pelo contrário: quem tomou emprestado um objeto, sempre experimenta algum desgosto quando lho tomam, mormente se tem necessidade dele e já o considerava seu; e, se isto lhe acontecer com um amigo a quem encheu de benefícios sem nenhum interesse, com razão terá por mesquinharia e sinal de pouco amor o não querer deixar-lhe coisa tão pequena, sequer em prova de amizade.

2. Que esposa haverá que, tendo recebido do esposo muitas joias de preço, não lhe ofereça ao menos um anel, não pelo valor material, pois ele é dono de tudo, mas como penhor de que será sua até a morte! Porventura menos merece este Senhor, para que zombemos dele, ar dar-lhe e logo tomar-lhe esse nada que lhe reservamos? Não! Ao menos esse breve tempo que determinamos dar-lhe do muito que gastamos conosco

e com quem não saberá nos agradecer, já que lho queremos dar, apresentemos-lhe o pensamento livre e desocupado de tudo; com a maior determinação de não lho tornar a pedir, por maiores labores, contradições e securas que, em consequência desse nosso ato, nos sobrevenham. Esse tempo já o devo olhar como coisa não minha, e convencer-me de que me pode ser exigido por justiça quando eu de todo não lho quiser dar.

3. Digo: de todo; porquanto faltar uma vez ou mesmo alguns dias, por ocupações justas ou qualquer indisposição, não é voltar atrás. O essencial é manter firme a intenção, pois não é nada meticuloso o meu Deus, nem faz caso dessas miudezas; antes, vos será agradecido. Isto é dar; o demais é próprio de quem não é franco, senão tão apertado que não tem coração para fazer uma dádiva: quando muito, empresta. Em todo caso, faça alguma coisa, pois tudo leva em consideração este Senhor; e sempre corresponde a todos os nossos desejos. Ele não é, em absoluto, esmiuçador para nos tomar contas, antes, é deveras generoso; por grande que seja a dívida, perdoa como se nada fosse. Para nos pagar, pelo contrário, é tão minucioso que não temais Ele deixar sem nenhum prêmio um só olhar acompanhado da lembrança de sua presença.

4. A segunda causa é que o demônio tem menos poder para tentar. Fica amedrontado quando vê almas resolutas porque – em virtude de sua experiência – estas lhe ocasionam prejuízos consideráveis e, de tudo que inventa para arruiná-las, tiram proveito para si e para os outros, de modo que é ele quem sai com perda. Contudo, não havemos de andar descuidadas, confiando em demasia nisto, pois estamos em guerra com inimigos traidores. Aos apercebidos, não ousa o malvado acometer com tanta audácia, porquanto é muito covarde; mas se visse descuido, faria imenso dano. Quando percebe que uma alma é inconstante e não está firme no bem, tampouco determinada com demasiada fortitude a perseverar, não a deixa em paz, nem de dia nem de noite; inventa mil temores e inconvenientes: é um não acabar. Estou muito bem-informada quanto a

este ponto, por experiência própria, e por isto o soube dizer. Ninguém imagina quanto é importante a fortaleza.

5. Outro motivo, que vem muito ao caso, é que a alma peleja com mais ânimo; já sabe que, venha o que vier, não há de tornar atrás. É como um soldado em batalha: por entender que, se vencido for, não há de ser poupado, e, se não morrer no combate, terá de morrer depois, peleja com mais intrepidez; quer vender caro a vida, como se costuma dizer, e quase não teme os golpes, porquanto tem diante dos olhos quanto lhe importa a vitória, pois dela depende sua existência. É também necessário começar com a segurança de que, se não nos deixarmos vencer, lograremos a palma; isto é deveras indubitável, pois, por menor que seja o lucro, sairemos muito ricos. Não tenhais receio de que vos deixe morrer de sede o mesmo Senhor que nos chama a beber desta fonte. Isto já ficou dito, e quisera eu repeti-lo muitas vezes, porque o temor acovarda muito as almas que ainda não conhecem de todo a bondade do Senhor por meio de longa experiência, ainda que a conheçam pela fé. Grande coisa é haver experimentado o regalo e amizade com que trata aos que andam por este caminho da oração, e como faz por eles quase todos os gastos.

6. Quanto aos que ainda o não experimentaram, não me maravilho de que exijam alguma segurança do lucro a esperar. Este, já o sabeis, é cento por um, desde esta vida. Diz o Senhor: Pedi e dar-se-vos-á[68]. Se não credes em Sua Majestade, que vos assegura em tantas partes de seu Evangelho, de pouco valerá, irmãs, que eu quebre a cabeça para vos convencer. Em todo caso, quem tiver alguma dúvida, nada perde em experimentar; pois isto tem de bom esta viagem: nela recebemos mais do que pedimos e até do que poderíamos desejar. Isto é infalível, tenho certeza; e por testemunhas posso apresentar aquelas de vós que o sabeis por experiência.

---

68. Lc 11,9.

CAPÍTULO 24

Trata de como se há de rezar com perfeição
em voz alta, e como sempre anda junto a oração
mental com a vocal.

1. Agora, pois, tornemos a tratar das almas a que me referi, as quais não conseguem recolher-se, nem atar o entendimento na oração mental, nem fazer considerações. Nestas coisas nem toquemos, pois não sois para elas. De fato, há muitas pessoas que só de ouvir o nome de oração mental ou contemplação parecem ficar atemorizadas.

2. Pode acontecer alguma vir parar a esta casa, onde, conforme já disse, nem todas vão pelo mesmo caminho; por isso quero aconselhar-vos e, permito-me dizer, ensinar-vos – pois assim me é lícito na qualidade de mãe que me é conferida pelo ofício de priora – o modo de rezar em voz alta, porquanto é justo entendais o que dizeis. E como quem é incapaz de pensar em Deus, talvez se canse também com demoradas orações, não me quero ocupar destas, senão das que, de modo forçoso, pois somos cristãos, havemos de rezar, as quais são o Pai-nosso e a ave-Maria. Não se possa dizer de nós que declaramos sem atentar no que dizemos: salvo se vos parecer suficiente rezar por costume, pronunciando só de boca as palavras. Se basta ou não, nisto não me intrometo: aos letrados compete decidir o caso. Quanto a nós, filhas minhas, quisera eu que não nos contentássemos com tão pouco. Por certo! Quando digo: "Credo", é de todo conforme à razão que entenda e saiba o que creio; e se digo: "Pai nosso", pede o amor que compreenda quem é esse nosso Pai, e qual o Mestre que nos ensinou esta oração!

3. Podeis replicar que já sabeis todas estas coisas e é inútil vo-las trazer à memória, mas não tendes razão. Entre mestre e mestre pode haver muita diferença. Ainda aqui na terra, grande desgraça é não nos lembrarmos daqueles que nos ensinam; mormente ao se tratar de santos e mestres da alma, pois é impossível esquecê-los se somos bons discípulos. Ora, de tal mestre como o que nos ensinou esta oração com tanto amor e desejo de nos fazer bem, Deus nos livre de não nos lembrarmos amiúde enquanto a repetimos, embora, em virtude de nossa fraqueza, nos descuidemos alguma vez.

4. A primeira coisa que nos ensina Sua Majestade é – já sabeis – que a alma se recolha a sós. Assim fazia Ele sempre que orava, e não por sua necessidade, mas para nosso ensinamento. Já ficou dito: é intolerável conversar ao mesmo tempo com Deus e com mundo, pois não fazemos outra coisa quando estamos, por outro lado, a rezar e a escutar o que se diz, ou a pensar no que nos vem à cabeça, sem nos irmos à mão. Excetuo certos tempos em que pelos maus humores – sobretudo nas pessoas melancólicas – ou pela fraqueza de cabeça, nada se alcança, por mais que se faça. Há também dias de grandes tempestades que Deus permite para maior bem de seus servos. Então, embora se aflijam e procurem aquietar-se, não o conseguem; apesar de todos os seus esforços, não prestam atenção ao que dizem, não logram fixar o espírito. Este parece vítima de um frenesi, uma vez que de tal modo anda desbaratado.

5. Pela aflição que experimenta quem se acha neste estado, verá que não é culpa sua. Não se aflija, pois é pior; tampouco se canse em querer dar juízo a quem por então não o tem, isto é, ao seu próprio entendimento. Reze como puder, e até deixe de rezar; veja que está com a alma enferma e procure dar-lhe alívio e ocupar-se em outra obra virtuosa. Este aviso é para pessoas que zelam por sua própria perfeição e já se convenceram de que não devem tratar com Deus e com o mundo ao mesmo tempo. O que podemos fazer de nossa parte é buscar solidão; e praza a Deus que isto baste, como já disse, para entendermos

com quem estamos e como nos responde o Senhor às nossas petições. Pensais que, embora o não ouçamos, esteja Ele em silêncio? Bem exprime ao coração, quando de coração lhe pedimos. Considere cada uma de nós aquelas às quais ensinou o Senhor o Pai-nosso, e ainda lho repete: pois nunca o mestre fica tão longe do discípulo a ponto de lhe ser necessário dar gritos, antes, fica muito perto. Quero que vos compenetreis desta verdade: para rezar bem o Pai-nosso, é conveniente não vos apartardes de junto do mestre que vo-lo ensinou.

6. Direis que já isto é consideração; que não podeis, nem mesmo quereis, rezar senão orações vocais. Sim, mas também há pessoas malsofridas e amigas de seus cômodos que, pela falta de costume, por terem de lutar no princípio para recolher o pensamento, dizem logo que não podem com maiores coisas, nem sabem rezar senão em voz alta; só porque não se querem constranger um pouco que seja. Tendes razão de dizer que já é oração mental; mas eu vos declaro de claro: não sei como é possível apartá-la da vocal, se pretendemos rezar bem e entender com quem tratamos. Ora, é obrigação procurarmos rezar com advertência; e praza a Deus que, mesmo empregando estes meios, saia bem rezado o Pai-nosso e não acabe noutra coisa diferente. Da minha parte, tenho experimentado vários remédios, e o melhor que encontrei é procurar manter o pensamento unido àquele a quem se dirigem as palavras. Portanto, tende paciência e tratai de tomar por costume esta prática tão necessária.

CAPÍTULO 25

Em que diz quanto ganha a alma que, com perfeição, reza em voz alta, e como acontece ser elevada por Deus a coisas sobrenaturais.

1. Para que não penseis que se tire pouco lucro de rezar em voz alta com perfeição, dir-vos-ei, agora, o seguinte: é muito possível pôr-vos o Senhor em contemplação perfeita enquanto rezais o Pai-nosso ou outra oração vocal. Por estas vias mostra Sua Majestade que ouve a quem lhe comunica; e a este revela sua grandeza, suspendendo-lhe o entendimento, atalhando-lhe os pensamentos e – como se costuma dizer – tirando-lhe a palavra da boca, de modo que não diga, ainda que queira, a menos que o faça com muito esforço.

2. Entende a alma que, sem ruído de palavras, é ensinada por este Mestre Divino, porquanto suspende-lhe as potências, uma vez que, do contrário, as operações delas lhe causariam mais dano do que proveito. Gozam elas sem penetrar como gozam; abrasa-se em amor a alma, e não entende como ama; conhece que goza do que ama, e não sabe como o goza. Bem vê: não é gozo que o entendimento logre conceber ou desejar; sente abrasar-se-lhe a vontade, sem compreender como. Se alguma coisa lhe é dado penetrar, é ver que semelhante bem não pode ser merecido neste mundo, ainda mesmo que a troco de todos os sofrimentos reunidos. É dom do Senhor do céu e da terra, que, em suma, dá como quem é. Eis, filhas, o que é contemplação perfeita.

3. Agora entendereis a diferença que há entre ela e a oração mental, que consiste, segundo ficou dito, em ponderar e entender o que declaramos, e com quem declaramos, bem

como quem somos nós que ousamos tratar com tão sublime Senhor. Pensar nisto, e no pouco que temos feito em seu serviço, e no muito que somos obrigadas a fazer, e em outros assuntos semelhantes, é oração mental. Não imagineis que seja coisa de outro mundo, nem vos espanteis de ouvir tal nome. Rezar o Pai-nosso e a ave-Maria, ou o que quiserdes, é oração vocal.

Considerai agora: que música desafinada produzirá se não for acompanhada da oração mental! Até mesmo as palavras nem sempre sairão certas. Nestes dois modos de orar, podemos alguma coisa, com o favor de Deus. Na contemplação, da qual discorri acima, nada em absoluto está em nossas mãos: Sua Majestade é quem tudo faz, é obra sua; transcende nossa natureza.

4. Como esta matéria de contemplação está explicada em pormenores e do melhor modo que a pude declarar, no que tange à minha vida, que escrevi, como já vos disse, para meus confessores e por sua ordem, não me detenho nela; menciono apenas de passagem. Aquelas de vós que tiverem tido a ventura de as elevar o Senhor ao estado de contemplação, se a pudessem ler, achariam certos pontos e avisos, nos quais me permitiu o Senhor acertar, que lhes causariam muita consolação e proveito, penso eu. Esta é também a opinião de algumas pessoas que a têm lido e apreciado. Asseguro-vos que me envergonho de vos dizer que façais caso de coisa minha, e sabe o Senhor a confusão com que escrevo a maior parte das vezes! Bendito seja Ele, que assim me sofre! As que tiverem oração sobrenatural, como digo, procurem ler este livro depois de minha morte. As que não a têm, podem passar sem ele: esforcem-se por praticar o que digo neste, e entreguem o resto ao Senhor. A Ele pertence o tudo dar; e não vos negará se não vos deixardes ficar no meio do caminho; antes, esforçai-vos até chegar ao final.

CAPÍTULO 26

Em que declara o modo de recolher o pensamento.
Dá meios para isto. É capítulo deveras proveitoso
para os que principiam a orar.

1. Tornemos agora à nossa oração vocal a fim de aprendermos a rezar do modo apropriado, de tal maneira que, sem o entendermos, nos dê o Senhor tudo por junto. A primeira coisa, já se sabe, é examinar a consciência, dizer a confissão[69] e fazer o sinal da cruz. Procurai logo em seguida, filhas, achar companhia, pois estais sós. E que melhor haverá que a do próprio Mestre que ensinou a oração que ireis rezar? Fazei de conta que tendes o próprio Senhor junto de vós, e olhai com que amor e humildade vos ensina. Crede-me; quanto puderdes, não estejais sem tão bom amigo. Se vos acostumardes a trazê-lo assim presente, e Ele vir que lhe tendes amor e andais a buscar meios de contentá-lo, não podereis, como dizem, tirá-lo de vosso lado. Nunca vos faltará; será vosso auxílio por toda a parte. E pensais que é pouco ter sempre tal amigo a vosso lado?

2. Ó irmãs, vós que não podeis discorrer muito com o entendimento, nem recolher o pensamento sem distrações, acostumai-vos, acostumai-vos! Vede bem! Sei que o podeis fazer, porquanto passei longos anos por este trabalho de não conseguir prender numa coisa sequer o pensamento, e, na verdade, é muito penoso; mas também sei que nunca nos deixa o Senhor tão abandonados que não nos venha fazer companhia se nos chegarmos a Ele e lho pedirmos com humildade. Se em um ano não lograrmos vitória, seja em mais anos! Não lamen-

---

69. Rezar o *Confiteor*, ou Eu pecador etc.

temos tempo tão bem empregado! Quem está a nos acossar? Torno a afirmar: é possível adquirir este costume, e, mediante algum esforço, viver na companhia deste verdadeiro Mestre.

3. Não exijo agora que penseis nele, nem que formeis muitos conceitos, tampouco que façais com o entendimento elevadas e delicadas considerações: só vos peço que o olheis. Ora, quem vos impede de volver os olhos da alma a este Senhor, ainda que seja de relance, se o não conseguis fazer durante longo tempo? Podeis olhar coisas muito feias, e não sereis capazes de fitar o objeto mais formoso que imaginar se pode?[70] Ora, filhas, nunca o vosso Esposo tira os olhos de cima de vós, porém, a todo instante sofre da vossa parte mil ações feias e abomináveis contra sua honra, sem que tudo isso baste para que vos deixe de olhar; será muito que aparteis destas coisas exteriores a vista e a ponhais nele algumas vezes? Reparai que não está aguardando outra coisa – conforme diz à esposa[71] – senão que o olhemos. Sob o aspecto em que quiserdes ver, achá-lo-eis; estima tanto um olhar nosso, que não poupará diligência para consegui-lo.

4. Dizem que, para ser bem-casada, o que a mulher há de fazer é mostrar-se triste quando seu marido está triste, e alegre quando o vê alegre, ainda que no interior nunca sinta alegria. Ponderai, irmãs, de que sujeição vos livrastes. Isto em verdade, sem fingimento, faz conosco o Senhor: sujeita-se Ele e quer que sejais vós a senhora e lhe imponhais vossa vontade. Se estais alegre, contemplai-o ressuscitado; porquanto só o imaginar como surgiu do sepulcro vos alegrará. Mas com que esplendor e formosura! com que majestade! quão vitorioso! quão alegre! como quem tão bem se saiu da batalha onde conquistou tão grande reino, que vos quer dar todo inteiro, juntamente consigo mesmo! Ora, se Ele tanto vos dá, será muito que ponhais nele os olhos a contemplá-lo uma vez por outra?

---

70. Se não lhe achardes bom parecer, dou-vos licença de o não olhardes mais (Mosteiro do Escorial).
71. Ct 2,14.

5. Se estais com labores e tristezas, considerai-o a caminho do Horto. Que aflição tão grande leva na alma, pois, apesar de ser a própria paciência em pessoa, chega a declarar seu tormento e queixar-se dele! De outras vezes, olhai-o atado à coluna: cheio de dores, todo o corpo despedaçado, pelo muito que vos ama. Quanto padecer! Perseguido de uns, cuspido de outros, negado de seus amigos, desamparado de todos, sem ter quem o defenda, transido de frio, reduzido a tamanha soledade que vos podeis consolar um com o outro. Outras vezes ainda, contemplai-o enquanto carrega a cruz, sem mesmo poder respirar à vontade. Porá Ele em vós seus olhos tão formosos e compassivos, cheios de lágrimas, e olvidará suas próprias dores para consolar as vossas. Só quer, em paga, que o busqueis e vos consoleis com Ele, e que volvais a cabeça para o contemplar.

6. Se vos enternecer o coração vê-lo em tal estado, a ponto de que não só queirais pôr nele os olhos, mas até vos folgueis de lhe exprimir, de modo que não repitais orações compostas; mas, pelo contrário, a fim de desabafardes as penas de vosso coração – o que Ele muito estima – podereis dizer-lhe: "Ó Senhor do mundo e verdadeiro Esposo meu! tão necessitado estais, Senhor meu e bem meu, que vos dignais admitir tão pobre companhia, como é a minha – e vejo em vosso semblante que vos consolais comigo? Mas como é possível, Senhor, que os anjos vos deixem tão sozinho, e até vosso Pai não vos console? Se em verdade, Senhor, tudo quereis sofrer por mim, que vale isto que por Vós estou a sofrer? Do que me queixo? Já me envergonho, depois que vos vi em tal estado; quero padecer, Senhor, todos os trabalhos que me sobrevierem, e tê-los por grande bem, a fim de vos imitar de algum modo. Juntos caminhemos, Senhor; por onde fordes, tenho eu de ir; por onde passardes, hei de passar".

7. Pegai, filhas, daquela cruz, para que Ele não vá tão carregado; não vos importeis se vos atropelarem os judeus; não façais caso do que vos disserem; tornai-vos surdas às murmurações; seja ao tropeçar, seja ao tombar com vosso esposo, não vos aparteis da cruz nem a abandoneis. Olhai em por-

122

menores o cansaço com que caminha, bem como quanto seus trabalhos são vantajosos aos que padeceis. Por grandes que pinteis vossos sofrimentos e por muito que os queirais sentir, saireis consoladas, porque vereis que são brincadeira em comparação aos do Senhor.

8. Perguntareis, irmãs, como poderá ser isto, e alegareis que se o vísseis com os olhos do corpo no tempo em que Sua Majestade andava no mundo, então o faríeis de boa vontade e olharíeis sempre para Ele. Desenganai-vos. Quem agora não se quer constranger um pouquinho para, ao menos, recolher a vista e contemplar a este Senhor dentro de si – podendo-o fazer a salvo de todos os perigos, apenas à custa de algum pequenino zelo –, como se poria ao pé da cruz como Madalena, que via a morte diante dos olhos? Ah! quanto devem ter passado a gloriosa Virgem e esta bendita santa! Que ameaças! que más palavras! que encontrões! quantos desacatos! Ora, que cortesia hão de ter achado naquela gente? Sim, eram cortesãos, mas do inferno, e ministros do demônio. Por certo devem elas ter passado momentos terríveis, mas, perante outra maior dor, esqueciam suas próprias.

Por conseguinte, irmãs, não vos julgueis capazes de tão cruéis trabalhos se não tiverdes ânimo para coisas tão pequenas; mas, se vos exercitardes nestas, podereis atingir outras maiores.

9. Sabeis o que vos pode ajudar? Procurai trazer convosco uma imagem ou retrato deste Senhor que vos cause devoção; não para a meterdes no seio sem a olhar, mas para lhe dizerdes muitas vezes. Ele próprio vos dará o que lhe haveis de dizer. Se sabeis conversar com outras pessoas, por que vos hão de faltar palavras para vos entreterdes com Deus? Não creiais tal coisa; ao menos não crerei, ainda que mo digais. O ponto está em cobrar costume; porque, se o não houver, a falta de trato com uma pessoa faz sentir estranheza e não saber como conversar com ela. Ainda que seja aparentada conosco, parece que a não conhecemos, porquanto o parentesco e a amizade se perdem com a falta de comunicação.

10. Também é grande remédio lançar mão de um bom livro, escrito em língua vernácula, a fim de recolher as ideias e conseguir bem rezar em voz alta. Deste modo, acostuma-se aos pouquinhos a alma, com afagos e engenhos, para não a amedrontar. Imaginai uma esposa que há muitos anos abandonou seu esposo. Como será preciso saber negociar para que ela se resolva a tornar à sua casa! É o que nos acontece a nós pecadores. Acostumamos de tal modo a alma e o pensamento a andarem a seu prazer, ou, para melhor dizer, a seu pesar, que a triste alma não entende a si mesma. Para que torne a cobrar amor a estar em sua casa, é mister muito artifício; e se não for assim, e, diga-se, pouco a pouco, nunca faremos nada. E torno-vos a certificar: se com cuidado vos habituardes a isto que digo, tirareis tão grande proveito que não sou rapaz de vo-lo exprimir, embora o queira. Chegai-vos, pois, para junto deste bom Mestre, determinadas com sinceridade verdadeira a aprender o que vos ensina; Sua Majestade fará que não deixeis de sair boas discípulas e não vos abandonará se o não abandonardes. Reparai nas palavras que diz aquela boca divina, e, logo à primeira, entendereis o amor que vos tem. E ver que seu mestre o ama não é pequeno bem e regalo para o discípulo.

CAPÍTULO 27

Em que trata do grande amor que nos testemunhou o Senhor nas primeiras palavras do Pai-nosso. Muito importa que nenhum caso façam da nobreza de linhagem aquelas que deveras querem ser filhas de Deus.

1. *Pai nosso que estais nos céus.* Ó Senhor meu, como pareceis Pai de tal Filho, e Ele como parece Filho de tal Pai! Bendito sejais para sempre, e por toda a eternidade! Mesmo no fim da oração não seria tão excessiva esta mercê? E logo ao começo nos encheis as mãos e fazeis tão excelsa graça? Quão justo seria embeber-se nela o entendimento para ocupar a vontade de maneira a não poder pronunciar palavra! Oh! como bem lhes quadraria aqui, filhas, a contemplação perfeita! Oh! com quanta razão entraria a alma em seu interior, para melhor poder elevar-se acima de si mesma e aprender deste santo Filho qual esse lugar onde, segundo Ele diz, está seu Pai, que é o céu. Saiamos da terra, filhas minhas! É tão sublime esta mercê que seria estimá-la muito pouco se ainda ficássemos aqui embaixo depois de a ter entendido.

2. Ó Filho de Deus e Senhor meu! Como dais tantos bens juntos logo à primeira palavra? Já vos humilhais com tão grande extremo a ponto de vos juntardes a nós para pedir conosco, fazendo-vos irmão de criaturas tão vis e miseráveis! Como ainda, em nome de vosso Pai, nos dais tudo o que se pode dar, pois quereis que nos tenha por filhos, e vossa palavra não pode faltar? Deste modo, o obrigais a cumpri-la, o que não é pequeno encargo; porquanto, por ser Pai, nos há de sofrer, por mais graves que sejam as ofensas; se tornarmos a Ele como o filho pródigo, terá de perdoar; há de consolar-nos em nossos trabalhos e sustentar-nos com a dignidade de tal Pai, uma

vez que é forçoso reconhecermos ser Ele melhor que todos os pais do mundo, pois nele não pode existir senão a perfeição de todo bem. Enfim, há de tornar-nos participantes e herdeiros convosco de seu reino.

3. Vede bem, Senhor meu, o que fazeis. Ao amor que nos consagrais e à vossa humildade, não há extremo que pareça demasiado; mas enfim, Senhor, estais na terra e revestido da nossa carne, tendes nossa natureza, e desta perspectiva algum motivo há para olhardes por nosso proveito. Mas considerai que vosso Pai está no céu, como dizeis: justo é zelardes por sua honra. Já basta vos terdes oferecido a ser desonrado por amor de nós; deixai livre a vosso Pai; não o obrigueis a tanto por gente tão ruim, como eu, que lhe há de ser tão mal-agradecida.

4. Ó bom Jesus! como haveis mostrado com demasiada clareza que sois uma só coisa com o Pai, e que vossa vontade é sua, e a dele, vossa! Que confissão tão límpida. Senhor meu! Que coisa maravilhosa o amor que nos tendes! Andastes com rodeios, encobrindo ao demônio vossa filiação divina; e eis que, pelo entranhado desejo que tendes de nosso bem, não recuais perante nenhuma dificuldade para nos fazerdes tão inestimável mercê. Quem senão vós, Senhor, no-la podia conceder? Não sei como o demônio, ao ouvir esta palavra, não entendeu logo quem éreis, sem lhe ficar dúvida. Ao menos bem vejo, meu Jesus, que dissestes, em vosso nome e no nosso, na qualidade de Filho diletíssimo; e sois poderoso para que se cumpra no céu o que dizeis na terra. Bendito sejais para sempre, Senhor meu, tão amigo de dar, que nada detém vossa prodigalidade.

5. Então, filhas, não vos parece que é bom Mestre este, que, para nos levar a aprender com gosto o que nos ensina, logo no começo nos faz tão grande mercê? Não vedes agora como é razoável que, mesmo na oração vocal, ao dizermos esta palavra – Pai-nosso – procuremos entender-lhe o sentido com a inteligência para que se despedace nosso coração à vista de tal ternura? Ora, Deus é nosso Pai, assim, que filho há no mundo que não procure saber quem é seu progenitor, quando o tem tão bom e de tanta majestade e senhorio? Se Ele assim não

fosse não me espantaria que não nos quiséssemos reconhecer por seus filhos, porque anda o mundo de tal jeito que, se o pai está em posição inferior à do filho, este tem por desdouro reconhecê-lo por pai.

6. Aqui não há razão para tratar disto uma vez que, nesta casa, jamais permita Deus que haja destas lembranças. Seria o inferno. Pelo contrário: aquela que for mais nobre, seja a que menos tome na boca o nome do pai; todas hão de ser iguais.

Ó colégio de Cristo, onde tinha mais autoridade São Pedro, apesar de pescador – e o Senhor assim o quis –, do que São Bartolomeu, que era filho de rei![72] Sabia Sua Majestade quantas dissensões haveria no mundo em matéria de nobreza e de raça. E, afinal, é o mesmo que discutir acerca de um bocado de terra com o fim de saber se será boa para adobes ou para taipas. Valha-me Deus! Quanto trabalho sem proveito! Deus vos livre, irmãs, de semelhantes contendas, mesmo por brincadeira! Espero em Sua Majestade que assim fará. Se alguma resvalar neste ponto, remediai o mal de imediato; e ela tenha muito receio de ser como Judas no meio dos apóstolos. Seja penitenciada até convencer-se de que, mesmo como terra demasiado ruim, não merecia estar na casa de Deus. Tendes bom Pai, pois a vós dá o bom Jesus; nenhuma conheça outro aqui, para se entreter de grandezas; e procurai ser tais, filhas minhas, que mereçais regalar-vos com Ele e lançar-vos em seus braços. Já sabeis que não vos afastará de junto de si se fordes boas filhas; e quem não fará tudo para não perder tal Pai?

7. Oh! Valha-me Deus! Quantos motivos de consolação achareis aqui! Para não me demorar mais, quero deixá-lo à vossa ponderação. Por desbaratado que o vosso pensamento ande, é forçoso que há de achar entre tal Pai e tal Filho o Espírito Santo, aquele que enamorará vossa vontade e vo-la atará – Ele que é o amor infinito – se para isto não bastar tão grande interesse da vossa parte.

---

72. Refere-se a Santa Madre a alguma crença infundada que haveria no seu tempo.

CAPÍTULO 28

Em que declara que coisa é oração de recolhimento e dá alguns meios para as almas a ela se acostumarem.

1. Reparai agora no que diz vosso Mestre: *Que estais no céu*. Pensai que vos importa pouco o saberdes que coisa é o céu, e onde haveis de buscar vosso sacratíssimo Pai? Pois eu vos digo que, para espíritos distraídos, é de suma importância não só crer isto, mas procurar entendê-lo por experiência. É uma das considerações mais próprias para prender o entendimento e fazer com que a alma se recolha.

2. Já sabeis que Deus está em toda a parte. Ora, onde está o rei – é claro – está na corte, como se costuma dizer; e, portanto, onde está Deus, está o céu. Isto podeis crer, porquanto é indubitável: onde está Sua Majestade, está toda a glória. Por isso diz Santo Agostinho que o buscava em muitas partes e o veio a achar dentro de si mesmo[73]. Julgais de pouca importância para uma alma distraída o entender esta verdade, e ver que para tratar com seu Pai eterno e regalar-se com Ele não tem necessidade de ir ao céu, nem lhe é mister clamar em altas vozes? Por baixinho que se expresse, está Ele tão perto que a ouvirá. Para ir buscá-lo não precisa de asas: basta que se ponha em solitude e o olhe dentro de si mesma, e não estranhe tão bom hóspede; antes, lhe diga como a pai, com grande humildade; peça-lhe como a pai; conte-lhe os trabalhos que tem, implore remédio para eles e entenda que não é digna de ser sua filha.

---

73. Cf. *Confissões*, livro 10, cap. 27.

3. Deixe-se de uns retraimentos que têm certas pessoas, imaginando ser humildade. Sim, porque esta virtude não consiste em rejeitar a mercê que vos faz o Rei, senão, pelo contrário, em aceitá-la e gozar dela, pois, desse modo, entende-se quanto está acima dos vossos merecimentos. Engraçado seria de fato, se, ao entrar em minha casa o Imperador do céu e da terra, ao vir até mim para me cumular de mercês e se deleitar comigo, eu, por humildade, não lhe quisesse responder, nem fazer companhia, nem receber seus dons, antes, o deixasse sozinho; e insistindo Ele e rogando-me que lhe peça graças, eu, por humildade, preferisse ficar pobre, e, enfim, deixasse-o ir cansado por ver que não me acabo de determinar.

4. Não queirais saber, filhas, de semelhantes humildades. Tratai com Ele como a vosso pai, e como a vosso irmão, e como a vosso senhor, e como a vosso esposo: às vezes de uma maneira, às vezes de outra. Ele próprio vos ensinará o que haveis de fazer para contentá-lo. Deixai-vos de ser bobas; pedi-lhe que cumpra a palavra que vos deu: e, pois vos tomou por esposas, vos trate como tais. Este modo de rezar, ainda que seja feito em voz alta, recolhe o espírito com muito mais rapidez, e traz consigo imensos bens. Chama-se oração de recolhimento, porquanto nela recolhe a alma todas as suas potências e entra dentro de si com seu Deus; e, com mais brevidade que de nenhum outro modo, vem a ensiná-la seu divino Mestre e a dar-lhe oração de quietação. É que ali, metida consigo mesma, pode ela pensar na paixão e representar à mente o Filho de Deus, e oferecê-lo ao Pai sem cansar o entendimento, como aconteceria caso se esforçasse para buscá-lo no Monte Calvário, no Horto e na Coluna.

5. Quem desta maneira se puder encerrar nesse pequeno céu de sua alma, onde está aquele que criou o céu e a terra, e se acostumar a não olhar coisa alguma nem permanecer em lugar onde se lhe possam distrair os sentidos exteriores, creia-me, vai por excelente caminho e não deixará de chegar a beber a água da fonte, pois vence muita distância em pouco

tempo. É como quem viaja por mar: com um pouco de vento favorável chega em alguns dias ao termo da jornada; enquanto os que vão por terra, tardam mais.

6. Já entraram no mar estas almas, como se costuma dizer, pois, embora não tenham deixado a terra por completo, durante aquele tempo fazem o que podem para dela se livrar, porquanto recolhem os sentidos dentro de si mesmas. Se é verdadeiro o recolhimento, faz-se sentir com demasiada clareza, por certa operação que não sei como dar a explicar, mas quem a tiver experimentado, há de entender-me. É o seguinte: ao já ver a alma que é mero jogo tudo quanto há no mundo, levanta-se, por assim dizer; ergue-se de repente e faz como quem entra num castelo forte a fim de se pôr a salvo dos inimigos. É um dar de mão a todas as coisas exteriores e retirar delas os sentidos, de tal maneira que, sem saber como, cerram-se-lhe os olhos para não as ver e para mais se aguçar a vista da alma. Assim, quem vai por este caminho, quase sempre quando reza, tem fechados os olhos, e é admirável costume por muitas razões, pois é fazer violência a si mesma para não olhar o que é da terra. Isto é só no princípio; depois, não é preciso esforço; antes, custaria mais abri-los no tempo da oração. Sente a alma fortalecer-se e esforçar-se à custa do corpo, e tem a impressão de que, deixando-o só e enfraquecido, ali toma provisões para subjugá-lo.

7. No prelúdio, por não ser em tão elevado grau – pois há mais e menos neste recolhimento –, não se entende isto. Se, porém, acostumarmo-nos e fizermos esforços durante algum tempo – embora, a princípio, seja penoso, uma vez que o corpo defende seus direitos sem compreender que todo o seu mal é não se dar por vencido –, logo será manifesto o proveito. Ao apenas nos pusermos em oração, entenderemos que, por assim dizer, voam as abelhas à colmeia e nela se recolhem para lavrar o mel; e isto sem diligência de nossa parte. É que o Senhor houve por bem que a alma, em recompensa dos esforços de tanto tempo, tenha merecido ter tal senhorio na vontade, que, por fazer um aceno de que se quer recolher – e não mais –,

obedeçam-lhe os sentidos e recolham-se no interior. Embora depois tornem a sair, grande coisa é já se haverem rendido, porque saem como cativos e sujeitos e não fazem o mal que antes poderiam fazer. Se uma vez mais os chama a vontade, açodem com mais presteza, até que por fim, ao cabo de muitas entradas repetidas, apraz ao Senhor pô-la de todo em contemplação perfeita.

8. Bem entenda-se o que fora dito; embora pareça obscuro, quem o puser em prática o compreenderá. Com efeito, essas almas viajam por mar; e, pois temos tanto interesse em não caminhar com demasiado vagar, discorramos um pouco acerca dos meios de nos acostumarmos a tão excelente modo de proceder. Estão elas mais a salvo de muitas ocasiões perigosas; acendem-se mais de pronto nas chamas do amor divino, porque, com alguns sopros do entendimento, como estão perto do próprio fogo, ao saltar uma pequenina centelha que as toque, logo é total o incêndio. Como não há embaraço no exterior, queda-se a alma só com seu Deus: está muito bem-disposta para ser abrasada.

9. Façamos de conta que dentro de nós há um palácio de imensa riqueza, todo feito de ouro e pedras preciosas, em suma, como destinado a tal Senhor; e que da vossa parte contribuís para esta magnificência, como é verdade, pois não há edifício de tanta formosura como a alma limpa e cheia de virtudes; e, quanto maiores são estas, mais resplandecem as pedrarias. Neste palácio reside este grande Rei que houve por bem ser vosso Pai; e está no vosso coração como num trono de mui elevado preço.

10. A princípio parecerá coisa descabida esta ficção que emprego para vos dar a entender meu pensamento, mas poderá valer de muito, mormente a nós: porquanto, por sermos mulheres e por não termos letras, todas estas coisas nos servem para, em verdade, entendermos como há dentro de nossa alma um mundo mais precioso que nunca pode ser comparado a esse mundo exterior que contemplamos. Não nos imaginemos

ocas e vazias por dentro; e praza a Deus que só as mulheres andem com esse descuido! Se vivêssemos com cuidado de nos lembrarmos que temos em nós tal hóspede, tenho por impossível que nos déssemos tanto às coisas do mundo, porquanto veríamos como são mesquinhas comparadas às que dentro temos. Acaso não nos elevaremos acima do animal que, ao ver uma presa a seu gosto, logo se lança sobre ela para fartar a fome? Por certo há de haver diferença entre nós e os brutos!

11. Rireis talvez de mim e respondereis que isto é deveras indubitável; e tereis razão de rir, pois durante algum tempo não o compreendi com clareza. Bem entendia que tinha alma, mas quanto esta alma merecia e quem estava dentro dela, eis o que me escapava, uma vez que eu mesma me tapava os olhos com as vaidades da vida e não o podia enxergar. E, em meu parecer, se entendesse, como agora entendo, que neste pequenino palácio de minha alma cabe tão grande Rei, não o deixara sozinho tantas vezes: de quando em quando estaria com Ele, e sobretudo procuraria não a trazer tão manchada. Mas que motivo de tanta admiração! Aquele que encheria mil mundos e inumeráveis mais com sua grandeza se encerra em coisa tão pequena! É que, em verdade, como é Senhor, traz consigo a liberdade, e, dado que nos ama, acomoda-se à nossa medida.

12. Não se dá Ele a conhecer logo à alma que está em seus princípios, pois ficaria alvorotada de se ver tão pequenina para conter em si tão grande objeto. Alarga-a aos poucos até que esteja em tempo lhe comunicar capacidade em relação aos dons que nela quer depositar. Por esta razão afirmei que traz consigo a liberdade, pois tem o poder de tornar grande todo este palácio. O ponto está em que lho demos por seu, com total determinação, e lho desembaracemos, para que nele possa pôr e tirar como em coisa própria. E tem razão Sua Majestade: não lhe neguemos o que exige de nós[74]. Como não violenta nossa

---

74. Mesmo no mundo é penoso ter em casa hóspedes que não podemos despedir (Mosteiro do Escorial).

vontade, toma o que lhe oferecemos; mas não se dá de todo enquanto não nos damos de todo a Ele. É coisa certa, e, uma vez que importa tanto, vo-la recordo tantas vezes. Não age na alma como costuma fazer quando ela é toda sua, sem partilhas; nem sei como poderia agir: é amigo de toda a ordem. Se atravancamos de gente baixa e de parasitas o palácio, como há de caber nele o Senhor com sua corte? Já muito faz em estar um pouquinho no meio de tanto alvoroto.

13. Pensais, filhas, que vem sem acompanhamento? Não vedes o que diz seu Filho: *que estais nos céus*? Por certo que, a tal Rei, os cortesãos não deixam estar só; antes, assistem-no em sua presença, rogando-lhe por todos nós e intercedendo em nosso favor, porquanto estão cheios de caridade. Não penseis que aconteça como no mundo, onde um pobre homem, se é favorecido de algum senhor ou prelado, quer por algum fim, quer por mera predileção, logo se vê invejado e malquisto pelos demais, embora nenhum mal lhes tenha feito.

CAPÍTULO 29

Continua a sugerir meios para procurar esta oração de recolhimento. Declara que não devemos ter ambição de sermos favorecidos dos prelados.

1. Por amor de Deus, filhas, fugi de vos preocupardes com esses favores humanos: procure cada uma fazer o que deve e, se o prelado não lhe agradecer, pode estar segura de que o Senhor lho agradecerá e dará a paga. Por certo! que não viemos aqui a buscar prêmio nesta vida! Sempre o pensamento no que é duradouro! Das coisas cá de baixo nenhum caso façamos, pois nem ao menos duram o tempo da vida: hoje está o prelado bem com uma; amanhã, se vir mais uma virtude em vós, estará melhor convosco; e se o não estiver, que importa? Não deis entrada a semelhantes pensamentos, que às vezes começam por pouco, mas podem inquietar muito. Atalhai-os e ponderem que vosso reino não é deste mundo e que tudo bem depressa há de findar.

2. Mas ainda isto é remédio vulgar e de pouca perfeição: o melhor é que por longo tempo vos vejais desfavorecidas e humilhadas, e assim queirais permanecer por amor do Senhor que está convosco. Ponde os olhos em vós e olhai para o vosso interior, como fica dito: achareis a vosso Mestre, que não vos falhará, antes, encher-vos-á de tanto mais regalo quanto menos consolação exterior tiverdes. É muito compassivo e jamais falta aos que estão aflitos e desfavorecidos, quando só nele confiam. Por isso diz Davi: o Senhor está com os atribulados[75]. Ou credes isto, ou não: se o credes, por que vos atormentais?

---

75. Quando me invocar, eu lhe responderei; estarei com ele na tribulação (Sl 90).

3. Ó Senhor meu! se vos conhecêssemos deveras, não faríamos questão de coisa alguma, porque dais muito aos que de todo se querem fiar de Vós! Crede, amigas, grande coisa é entender esta verdade para nos convencermos de que os favores dos homens são todos mentira, uma vez que de qualquer modo desviam a alma de andar dentro de si. Oh! valha-me Deus! quem fora capaz de vos fazer compreender isto! Por certo não serei eu, pois, apesar de mais obrigada do que ninguém, não acabo de me compenetrar desta verdade como deveria.

4. Torno agora ao que discorria. Quisera saber declarar como esta corte celestial está em companhia do Santo dos santos que vem ficar conosco, mas sem impedir a soledade que a alma tem com seu Esposo, quando quer entrar nesse paraíso com seu Deus, e fecha a porta atrás de si a tudo o que é do mundo. Emprego a palavra quer, porque – entendei bem – não é coisa sobrenatural; depende de nossa vontade, e podemos fazê-lo com o favor de Deus, sem o qual nada se consegue, nem mesmo ter um bom pensamento que venha de nós. Com efeito, não se trata aqui de silêncio das potências: é encerramento delas dentro da própria alma.

5. Isto aos poucos se adquire de várias maneiras, segundo está escrito em alguns livros que ensinam como nos havemos de desocupar de tudo para fazermos chegar nosso interior a Deus, recolhendo-nos ao mais íntimo da alma até no meio das ocupações cotidianas. A recordação de que tenho companhia dentro de mim é de grande proveito, mesmo que dure um só instante[76]. Enfim, o essencial é aos poucos nos acostumarmos

---

76. Só o que pretendo é que olhemos aquele a quem nos dirigimos, e estejamos com Ele sem lhe dar as costas; e isto, por sua vez, não me parece outra coisa do que estar a tratar com Deus e pensar ao mesmo tempo em mil vaidades. Todo o mal vem de não entendermos de verdade que Ele está junto de nós e de o imaginarmos distante. E quão distante, se o formos buscar no céu! Pois, Senhor, não havemos de olhar um rosto como o vosso, quando estais de nós tão perto? Se, ao tratar com os homens, temos a impressão de que não nos ouvem quando não olham para nós,

a ter gosto em não ser preciso tratar com Deus em altas vozes; Sua Majestade nos dará a sentir que está ali.

6. Desta sorte conseguiremos rezar com muito sossego em voz alta. E é poupar trabalho, porquanto, depois de nos termos forçado durante algum tempo para estar junto deste Senhor, Ele nos entenderá por acenos; e não teremos de dizer muitos Pai-nossos, uma vez que nos ouvirá logo ao primeiro. É muito amigo de poupar-nos trabalho: mesmo se o rezarmos uma só vez no espaço de uma hora, será o suficiente se, por outro lado, compenetrarmo-nos de nossa união com Ele, bem como do objeto de nosso pedido, do desejo que Ele tem de no-lo conceder, e da boa vontade com que está conosco. Não gosta de que nos quebremos a cabeça para lhe declarar muito.

7. O Senhor o ensine àquelas que o não sabeis. De minha parte, confesso-vos: nunca soube que coisa era rezar com satisfação até que Sua Majestade me ensinou este modo; e sempre tenho achado tantos proveitos neste hábito de recolhimento dentro de mim a ponto de me ter movido a ser tão demorada[77]. Por conclusão: quem o quiser adquirir – pois, repito, está em nossas mãos – não desanime, trabalhe por acostumar-se ao que ficou dito. Busque assenhorear-se pouco a pouco de si mesma, sem se dissipar à toa, ganhando-se a si mesma para si; isto é, de modo que se tire proveito de seus sentidos para a vida interior. Caso diga, procure lembrar-se de que tem dentro de si mesma com quem se entreter; caso ouça, recorde-se de que

---

fecharemos os olhos para não ver que nos estão a olhar? Como, então, havemos de entender se ouviram o que vos dissemos? Só isto, irmãs, quis eu que guardásseis bem; para nos habituarmos aos poucos a segurar com facilidade o pensamento de modo que entendamos o que se diz e a quem se diz, precisamos recolher dentro de nós mesmos os sentidos exteriores e dar-lhes ocupação. É assim que temos o céu em nossa alma, pois nela está o Senhor do céu.

77. Pode ser que todas vós saibais estas coisas; mas virá alguma noviça que o não saiba, e, por isso, não leveis a mal que eu o tenha dito aqui (Mosteiro do Escorial).

há de prestar atenção a quem mais de perto lhe comunica. Em suma, fique convencida de que, se quiser, nunca poderá sair de tão boa companhia; e quando lhe acontecer deixar sozinho por muito tempo a seu Pai, tenha pesar e lembre-se de que está com necessidade dele. Se puder, seja muitas vezes no dia; se não puder, seja poucas. Ao adquirir o costume, sairá com lucro, mais cedo ou mais tarde. Depois que lho der o Senhor, não quererá trocá-lo por nenhum tesouro.

8. Ora, nada se aprende sem um pouco de trabalho; por amor de Deus, irmãs, dai por bem empregada a diligência que nisto gastardes. Se a tiverdes, tenho certeza de que dentro de um ano, ou talvez de meio ano, o conseguireis, com o favor de Deus. Considerai quão pouco tempo para tão grande lucro! É construir bom fundamento para que, se quiser o Senhor levantar-vos a grandes coisas, encontre em vós boa disposição, achando-vos junto de si. Praza a Sua Majestade não consentir nos apartemos de sua presença. Amém.

CAPÍTULO 30

Diz quanto importa entender o que se pede
na oração. Trata destas palavras do Pai-nosso:
Sanctificetur nomen tuum, adveniat regnum tuum.
Aplica-as à oração de quietação e principia
a explicá-la.

1. Que homem haverá, embora imprudente, que, ao solicitar um favor de alguma pessoa grave, não pense primeiro em como o há de pedir a fim de a contentar e não lhe ser descortês, e qual o objeto de sua petição, e para que fim o solicita; mormente se se trata de coisa assinalada, como a que nosso bom Jesus nos ensina a pedir? Um ponto há que me parece digno de nota. Não poderíeis, Senhor meu, concluir com uma palavra e dizer: Dai-nos, Pai, o que nos convém? A quem com tamanha perfeição tudo entende, não parece mister dizer mais.

2. Ó sabedoria eterna! Entre Vós e vosso Pai bastaria isso, e assim orastes no horto, mostrando-lhe vossa vontade e temor, e, depois abandonando-vos à sua. Em virtude de saber, porém, Senhor meu, que não estamos tão rendidos como Vós ao beneplácito de vosso Pai, vistes que era mister especificar o objeto de cada petição para nos induzir a pesar bem o valor do que pedimos. Deste modo, se acharmos que não nos convém, não pecamos. Com efeito, somos assim: se o não desejarmos, logo, com o nosso livre-arbítrio, não admitiremos o que nos der o Senhor, porquanto, embora seja o melhor para nós, quando não vemos de imediato na mão o dinheiro, nunca nos julgamos ricos.

3. Oh! valha-me Deus! jamais acabamos de entender quão certo havemos de ter o castigo e quão certo o prêmio: tão ador-

138

mecida está nossa fé para uma e outra coisa! Por esta razão, filhas, convém entenderdes o que pedis no Pai-nosso, para que, se o eterno Pai vo-lo der, não o rejeiteis com tamanho atrevimento. Examinai muito bem se o quereis e se vos é útil, e, se assim não for, não o peçais; mas, por outro lado, suplicai a Sua Majestade que vos dê luz, porque cegos estamos. Sentimos fastio quando se trata de comer os manjares que nos hão de dar vida, e buscamos os que nos hão de conduzir à morte. E que morte tão perigosa e tão eterna!

4. Ensina-nos, pois, o bom Jesus, a dizer estas palavras, pelas quais pedimos que o seu reino venha a nós: *Santificado seja o vosso nome, venha a nós o vosso reino*. Admirai agora, filhas, a sabedoria tão grande de nosso Mestre. Considero eu aqui – e é bem que o entendamos – que reino é esse que lhe pedimos. Como viu Sua Majestade que não podíamos santificar, nem louvar, nem engrandecer, nem glorificar de modo apropriado este nome santo do eterno Pai – ainda que em conformidade ao nosso limitado alcance – caso não se pusesse a providenciar, dando-nos cá o seu reino, quis o bom Jesus juntar estas duas petições. A fim de melhor entendermos, filhas, isto que pedimos, e quanto nos importa perseverar nesta súplica e fazer quanto pudermos para contentar a quem a nós há de dar, quero dizer-vos aqui meu pensamento. Se não vos agradar, fazei outras considerações: licença nos dará nosso Mestre, desde que em tudo nos sujeitemos ao ensino da Igreja, como aqui faço.

5. Em vista disso, o grande bem que me parece existir no Reino do Céu, sem mencionar outros muitos, é já não haver cuidado de coisa alguma da terra senão um sossego e glória no íntimo da alma, um alegrar-se com a alegria de todos, uma paz perpétua, uma satisfação interior imensa que procede de ver que todos santificam e louvam ao Senhor e bendizem seu nome, bem como que ninguém o ofende. Todos o amam, e a própria alma não se ocupa em outro objeto senão em amá-lo; tampouco pode deixar de amá-lo, porquanto o conhece. E assim amaríamos cá se o conhecêssemos; não com a mesma

139

perfeição e sem nenhum vicissitudes, mas com outro amor muito diverso do que temos.

6. Parece que digo: havemos de ser anjos para fazer esta petição e rezar de modo conveniente as orações vocais. Bem o quisera nosso divino Mestre, pois nos manda dirigir-lhe tão alta petição, e, por certo, não nos ensina a pedir coisas impossíveis. Com efeito, pela graça de Deus poderia uma alma cativa neste desterro chegar a tal estado; não, porém, no grau de perfeição das que já se libertaram deste cárcere, porque ainda navegamos no mar do mundo e somos viajores. Há momentos, entretanto, nos quais o Senhor nos vê cansados de andar e decide pôr-nos num sossego de potências e quietação de alma a fim de nos dar a entender com clareza, como por sinais, qual o sabor do deleite gozado por aqueles que Ele leva a seu reino. Ao conceder-nos desde esta vida o que lhe pedimos, dá, a um só tempo, penhores que nos asseguram grandes esperanças de gozarmos por toda a eternidade do que na terra só gozamos a sorvos.

7. Se não objetásseis que trato de contemplação, caberia bem, ao explicar este pedido, discorrer um pouco acerca desse princípio de contemplação pura chamado pelos que o recebem de oração de quietação; mas como estou a tratar da oração vocal, segundo prometi, parece que não combina uma coisa com a outra. Assim pensará quem não entender do assunto, mas eu sei que combinam bem, e, por isso, perdoai-me, quero dizê-lo, porquanto conheço muitas almas que, por rezarem em alta voz do modo que ficou dito, são elevadas por Deus, sem nem mesmo saberem como, a sublime contemplação[78]. Conheço uma pessoa[79] que nunca pôde ter oração senão vocal, e, junto com esta, tinha todas as outras. Quando assim não rezava, sentia o entendimento tão distraído que o não podia sofrer. Mas prou-

---

78. É por esse motivo, filhas, que faço tanta questão de que rezeis bem as orações vocais (Mosteiro do Escorial).
79. O autógrafo do Escorial diz que era monja.

vera a Deus fosse tão elevada a nossa oração mental! Em certos Pai-nossos que recitava em honra das vezes nas quais o Senhor derramou sangue, e em mais algumas orações, detinha-se várias horas. Veio uma vez ter comigo muito aflita, pois não sabia ter oração mental, nem tinha contemplação, apenas orava em voz alta. Perguntei-lhe o que rezava, e vi que, quando envolta no Pai-nosso, tinha contemplação pura, e o Senhor a levantava até juntá-la consigo em união. E bem deixava ela transparecer em suas obras as grandes mercês que recebia, pois empregava muito bem a vida. Por conta disso, louvei ao Senhor, e tive inveja de sua oração vocal. Se isto é verdade, e de fato é, não julgueis – vós que sois inimigos dos contemplativos – que estais livres de o ser caso rezardes vossas orações vocais como devem ser rezadas e se guardardes pura a consciência.

CAPÍTULO 31

Prossegue a mesma matéria. Declara que coisa é oração de quietação. Dá alguns avisos para os que a têm. É muito digno de nota.

1. Quero, filhas, declarar melhor, conforme tenho ouvido dizer, ou o próprio Senhor se dignou dar-mo a entender, quiçá para que eu vo-lo diga, esta oração de quietação. Parece-me que nela começa o Senhor, como atrás vos afirmei, a dar a entender que ouve nosso pedido e já desde este mundo nos dá seu reino aos poucos, para que deveras o louvemos, santifiquemos seu nome, e procuremos que todos façam do mesmo modo.

2. É já coisa sobrenatural e não a podemos adquirir com os nossos esforços, por mais diligências que façamos. Com efeito, é um pôr-se a alma em paz, ou melhor, põe-na o Senhor com sua presença, como fez ao justo Simeão, porque todas as potências quedam em sossego. De modo muito distinto da compreensão que lhe vem por meio dos sentidos exteriores, entende a alma que já está junto de seu Deus, e, com um pouquinho mais, chegará a tornar-se por união uma só e mesma coisa com Ele. Não é que o veja com os olhos do corpo, ou com os da alma. Também o justo Simeão não via senão o glorioso Infante, tão pobrezinho; e, pelos mantos que o envolviam e a pequena comitiva que o acompanhava em procissão, mais o poderia tomar por filho de gente pobre do que Filho do Pai Celestial. Todavia, o próprio Menino se lhe deu a conhecer. Do mesmo modo o conhece aqui a alma, embora não com igual clareza, pois entende, porém, não sabe como entende: apenas tem certeza de que está no reino – ou, ao menos, junto do Rei que lho há de dar – e sente-se penetrada de tal reverência que

nem ousa pedir nada. Tanto no interior como no exterior é uma espécie de desfalecimento. O homem exterior – ou, para que melhor me entendais, o corpo – não quis mexer-se, à semelhança do viandante que chegou quase ao termo da jornada e descansa para melhor poder continuar a viagem; é nesse repouso que se lhe dobram as forças.

3. Experimenta-se imenso deleite no corpo e grande satisfação na alma. Tão contente está ela, só de se ver junto da fonte, que, ainda sem beber, já se sente farta. Tem a impressão de que não há mais a desejar. As potências sossegadas não quereriam mover-se: tudo lhes parece estorvo ao amor. Todavia, não estão de todo perdidas, porquanto duas delas estão livres e podem pensar naquele junto de quem se acham. Só a vontade é a cativa: e se, ao assim estar, alguma pena pode sentir, é por ver que há de recuperar a liberdade. O entendimento quis aplicar-se a uma só coisa; a memória, não ter outra ocupação; compreendem que é o único necessário, e tudo mais só serve para perturbar. Os que recebem esta graça não quereriam mover o corpo, porquanto se lhes afigura que hão de perder aquela paz, e assim não ousam se mexer; custa-lhes articular palavras; para dizer o Pai-nosso uma vez, gastarão uma hora inteira. Sentem-se bem perto de Deus, e veem que são entendidos por sinais. Estão no palácio, junto do Rei, e experimentam que Sua Majestade já começa a lhes dar aqui seu reino. Dir-se-ia que não vivem no mundo; nada querem ver e ouvir senão a seu Deus; nada lhes dá pena, nem parece capaz de afligi-los. Enfim, durante todo o tempo da quietação, estão de tal modo embebidos e absortos com a satisfação e deleite que em si acham que não lhes parece haver mais a desejar. De boa vontade diriam com São Pedro: "Senhor, façamos aqui três moradas"[80].

4. Certas vezes, nesta oração de quietação, faz Deus outra mercê deveras dificultosa de entender se não há grande experiência; mas, se houver alguma, logo o compreenderá aquela

---

80. Mt 17,4.

dentre vós que o tiver gozado, e dar-lhe-á muita consolação saber em que consiste. Creio que muito amiúde une Deus estas duas mercês. Quando é intensa e prolongada a quietação, parece-me que não poderia permanecer a vontade tanto tempo naquela paz se não estivesse presa a algum objeto. De fato, acontece que, durante um dia ou dois, vemo-nos com esta satisfação e nem nos entendemos; quero dizer: os que a têm. Em verdade, veem que não estão inteiros no que fazem: falta-lhes o melhor, que é a vontade. Esta, em meu parecer, está unida com seu Deus, e deixa livres, para que se ocupem nas obras do divino serviço, as outras duas potências, as quais têm, nessas ocasiões, muito maior habilidade para isso; mas, para tratar das coisas do mundo estão entorpecidas e, por vezes, como atoleimadas.

5. Para a alma a quem a concede o Senhor, é grande mercê esta, porquanto é vida ativa e contemplativa a um só tempo. Serve então a Deus de todos os modos, pois a vontade se queda em seu ofício sem saber como obra, bem como em sua contemplação; enquanto isso, as outras duas potências se aplicam aos trabalhos de Marta. Deste modo, andam juntas Marta e Maria. Sei de uma pessoa que era elevada pelo Senhor a este estado muitas vezes, e não o sabia entender. Consultou um grande contemplativo[81], e este lhe disse que era muito possível e também lhe acontecia algo similar. Em meu ver, está tão satisfeita a alma nesta oração de quietação que a potência da vontade deve estar quase de contínuo unida àquele que tão somente a pode satisfazer.

6. Julgo oportuno dar aqui alguns avisos destinados àquelas nossas irmãs que o Senhor, tão só por sua bondade, elevou a esta oração, e sei que são várias. Eis o primeiro. Ao verem-se elas com aquele contentamento, sem saber donde lhes veio – ou, pelo menos, ao perceber que, por si, não o podem alcançar –, dá-lhes a tentação de imaginar que poderão retê-lo, e para isto quase não

---

81. Como se lê na cópia de Toledo, a consulta foi feita por Santa Teresa a São Francisco de Borja.

ousam respirar. E é tolice: assim como não podemos fazer que amanheça, tampouco podemos conseguir que deixe de anoitecer. Já não é obra nossa, é sobrenatural, e coisa que em absoluto não logramos adquirir. O melhor modo de prolongar esta mercê é entender com clareza que nela nada podemos tirar nem pôr, e recebê-la com ação de graças, sentindo-nos demasiado indignos de merecê-la. Isto não com muitas palavras, mas só com um levantar de olhos para o céu, qual o publicano[82].

7. É bom procurar mais soledade para dar lugar ao Senhor e deixar a Sua Majestade que obre como em coisa sua. Quando muito, podem de tempos a tempos dizer alguma palavra suave, como quem dá um sopro à candeia que está a morrer, a fim de tornar a acendê-la; mas se estivesse acesa, penso eu, só serviria para apagá-la ainda mais depressa. Digo que seja suave o sopro: de outro modo, ficaria ocupada a vontade com as muitas palavras ordenadas pelo entendimento.

8. E notai bem, amigas, este aviso que vos quero dar agora. Muitas vezes vos vereis às voltas com o entendimento e com a memória, sem saber como sujeitá-los. Com efeito, acontece estar a alma com imensa quietação, e, por outro lado, andar o entendimento tão no ar que nem parece que se passa tudo aquilo em sua casa. Dir-se-ia, então, que está como hospedado em casa alheia e busca outras pousadas para se acolher, aborrecido daquela, porquanto não tem jeito de ficar parado. Porventura acontece isto só ao meu, e não se dá de igual modo a outras pessoas. Quanto a mim, algumas vezes desejo morrer quando vejo que não posso remediar esta mobilidade do entendimento. Em outras ocasiões, parece ele fazer assento em sua casa e acompanha a vontade; mas, quando se unem as três potências, trata-se de uma glória. Acontece como a um casal: se os esposos se amam, a vontade de um é a do outro; mas se são malcasados, já se vê quanto o marido desassossega a mulher. Em suma: quando a vontade se vir nessa quietação, não faça mais caso do entendimento que de um louco, porquanto,

---

82. Lc 18,13.

se o quiser trazer a si, é forçoso que se há de ocupar ou inquietar de algum modo. E neste ponto de oração tudo será trabalhar e não ter lucro, mas sim, pelo contrário, perder o que, sem nenhum trabalho de sua parte, dá-lhe o Senhor.

9. Reparai agora nesta comparação que me parece quadrar muito. É semelhante a alma a uma criança bem pequenina, quando está aos seios de sua mãe, e esta, por regalo, deita-lhe aos poucos o leite na boca, sem nem sequer lhe deixar esforçar para mover os lábios. Assim é nesta oração: sem trabalho do entendimento, está a vontade a amar, e quer o Senhor que, sem pensar, entenda como está com Ele, pois se limita a fruir daquela suavidade, engolindo o leite que Sua Majestade lhe põe na boca. Saiba que lhe está o Senhor a fazer aquela mercê, e deleite-se com aquele gozo, porém não queira dar a entender o que goza nem como goza: descuide-se, por então, de si, e aquele que está junto dela não se descuidará de ver o que lhe convém. Se se meter a pelejar com o entendimento para trazê-lo a si e repartir com ele o gozo, não o conseguirá. É, pois, forçoso que deixará cair da boca o leite, e perderá aquele divino mantimento.

10. Há outra oração na qual está a alma unida por completo a Deus, e nem mesmo precisa tragar o mantimento, uma vez que, sem entender como, encontra-o dentro de si posto pelo próprio Senhor. Aqui é diferente: Ele ainda parece querer que a alma trabalhe um pouquinho, mas é com tanto descanso que quase o não percebe. Quem a faz sofrer é o entendimento, o que não acontece quando é união total das três potências, porquanto então as suspende aquele que as criou, e, com o gozo que lhes dá, ocupa todas sem saberem como, nem o poderem entender. Torno ao que dizia: quando a alma experimenta em si esta oração, que é um contentamento quieto e grande da vontade, não sabe explicar com propriedade em que consiste. Bem vê, entretanto: é demasiado diferente dos prazeres cá de baixo, e não lhe bastaria assenhorear-se do mundo, com todos os contentamentos que nele há, para experimentar aquela satisfação íntima que reside no interior da vontade, ao passo

que, nesta vida, os outros prazeres, parece-me, só se gozam no exterior, e, por assim dizer, na casca ou superfície dela.

Quem, pois, se vir neste tão elevado grau de oração, que é, repito, demasiado conhecido como sobrenatural, quando perceber que seu entendimento, ou melhor, pensamento, atire-se em direção dos maiores desatinos do mundo, ria-se dele e deixe-o como a um néscio. Permaneça na sua quietação enquanto ele vai e vem, pois aqui é senhora e poderosa a vontade, de modo que acabará por trazê-lo a s, sem que vos tenhais de se preocupar. Se, pelo contrário, o quiserdes sujeitar à viva força, perderá ela o predomínio que lhe vem do divino sustento recebido e assimilado, e ambos perderiam em vez de ganhar. Há um provérbio que diz: quem muito abraça, pouco aperta. Assim, creio eu, aconteceria aqui; a experiência o dará a entender. A quem a não tiver, não me admiro que pareça muito obscuro e supérfluo este aviso; mas com um pouquinho dela, o compreenderá, como já deixei dito, e poderá tirar fruto e louvar ao Senhor por me ter permitido acertar a exprimi-lo aqui.

11. Concluamos agora dizendo que, posta a alma nesta oração, já lhe parece que atendeu o eterno Pai a seus rogos e lhe concedeu seu reino desde esta vida. Ó ditosa súplica, pela qual impetramos tanto bem sem ao menos o entender! Ditosa maneira de pedir! Por esta razão quero eu, irmãs, que olhemos de que modo rezamos o Pai-nosso e as outras orações vocais. Uma vez feita por Deus esta mercê[83], descuidar-nos-emos das coisas do mundo, porquanto, ao chegar o Senhor dele, tudo lança fora. Não digo que todas as pessoas favorecidas com esta oração tenham, como que de maneira forçosa, este total desapego; mas desejaria que ao menos entendessem quanto lhes falta e se humilhassem, de modo que procurem desapegar-se de tudo aos pouquinhos, pois, a não ser assim, não passarão adiante. E quando uma alma recebe de Deus tais prendas, é sinal de que é destinada a grandes coisas; a não ser por sua culpa, subirá mui-

---

83. Porquanto claro está que se Deus nos faz esta mercê... (Mosteiro do Escorial).

to alto. Se, porém, o Senhor vê que, metendo-lhe em casa, por assim dizer, o Reino do Céu, ela se volta para a terra, não só não lhe mostrará os segredos que há no seu reino como também só tornará a fazer-lhe o mesmo favor raras vezes e por breve tempo.

12. Pode haver engano da minha parte em afirmar isto, mas é o que observo, e sei que assim acontece. Tenho para mim que a razão de não haver mais pessoas muito espirituais é porque não servem a Deus de modo correspondente a tão alta mercê e não tornam a preparar-se para recebê-la; antes, pelo contrário, tiram das mãos do Senhor a vontade que já lhe haviam entregue e a põem em coisas baixas. Que faz Ele, então? Busca noutras partes almas que o queiram e às quais possa dar com mais prodigalidade, conquanto não tire de todo o que havia dado às primeiras, quando vivem com limpa consciência. Há, porém, algumas – e eu fui uma delas – que, por estar o Senhor a enternecê-las e dar-lhes inspirações santas e luzes quanto ao valor real de todas as criaturas, e, numa palavra, outorgando-lhes o seu reino e pondo-as nesta oração de quietação, persistem em se fazerem de surdas. São tão amigas de declarar e de multiplicar às pressas as orações vocais que determinaram rezar cada dia – como quem intenta acabar uma tarefa – que, embora, como digo, o Senhor lhes meta nas mãos seu reino, não o aceitam: pensam que com seu rezar tiram mais proveito, e não lhe prestam atenção.

13. Jamais vos aconteça isto, irmãs. Ficai de sobreaviso para quando o Senhor vos conceder esta mercê; considerai que perdeis um grande tesouro e que fazeis muito mais dizendo uma só palavra do Pai-nosso de quando em quando do que o repetindo várias vezes às pressas. Aquele a quem pedis está muito perto de vós, não deixará de ouvir-vos; e, crede, o verdadeiro modo de louvar e santificar seu nome é este, porquanto já, como familiares da sua casa, glorificais e louvais o Senhor com mais afeto e desejo, e parece que vos não podeis mais apartar de seu serviço[84].

---

84. Por conseguinte, tomai muito em consideração este aviso que vos dou, porquanto é de suma importância (Mosteiro do Escorial).

CAPÍTULO 32

Trata destas palavras do Pai-nosso: *Fiat voluntas tua, sicut in coelo et in terra*[85], bem como do grande merecimento que adquire quem as diz com total determinação. Ademais, trata do quão bem lho paga o Senhor.

1. Já nosso bom Mestre pediu por nós e nos ensinou a pedir coisa de tanto valor que tudo encerra quanto aqui embaixo podemos desejar; e já nos concedeu tão alta mercê como é fazer-nos irmãos seus. Vejamos agora o que deseja Ele que demos a seu Pai; o que oferece em nosso nome; e o que pede de nós; pois é justo retribuirmos de algum modo tão grandes favores. Ó bom Jesus! quão pouco dais em nosso nome (pouco de nossa parte), em comparação do muito que pedis para nós! Em si mesmo é uma insignificância, e ainda menos por se tratar de quem tanto deve e de tão grande Senhor. Entretanto, é certo, Senhor meu, que nada nos deixais, e que daremos tudo o que é possível dar, se – bem entenda-se – cumprirmos nossa palavra.

2. *Seja feita a vossa vontade, assim na terra como no céu.* Com muita razão, ó bom Mestre, apresentastes primeiro a vosso Pai a petição passada, a fim de que possamos cumprir o que dais agora em nosso nome. Julgo, Senhor, que de outro modo seria impossível. Mas, depois de vosso Pai, em atenção ao vosso pedido, nos dar seu reino desde esta vida, sei que não desmentiremos a verdade de vossa palavra, e cumpriremos o que prometestes por nós. Sim, uma vez que a terra se tornou céu, é possível fazer-se em mim vossa vontade; mas sem isto,

---

85. Seja feita a vossa vontade, assim na terra como no céu.

não compreendo, Senhor, como poderia ser, por tratar-se de terreno tão ruim, tão infrutífero como é o meu. É coisa grandiosa o que ofereceis.

3. Quando penso nisto, gosto de ver certas pessoas que não ousam pedir labores ao Senhor, com receio de logo serem atendidas. Não me refiro aos que, por humildade, se abstêm de fazê-lo, em virtude de se julgarem incapazes de os sofrer; mas, ainda em relação a estes, tenho para mim que o Senhor, assim como lhes dá generosidade para solicitar ocasiões tão árduas de lhe mostrarem seu amor, também os esforçará para padecer. Quisera eu perguntar aos que por temor de logo serem ouvidos não pedem sofrimentos: Que é o que pensam quando suplicam ao Senhor que neles se cumpra a divina vontade? Por acaso o dizem só para rezar como todos rezam, mas sem a intenção de o cumprir? Isto, irmãs, não seria direito. Olhai que o bom Jesus parece aqui nosso embaixador: quis intervir entre seu Pai e nós, e muito à sua custa. Não seria razão que não cumpríssemos de verdade o que Ele por nós promete. Se não for este o nosso intento, não o digamos. Agora, quero tomar outro rumo: considerai, filhas, que isto se há de cumprir, quer queiramos, quer não queiramos, e sua vontade se há de fazer no céu e na terra. Crede-me: tomai meu parecer, e fazei de vossas necessidades, virtude.

4. Ó Senhor meu, grande regalo é para mim o ver que não deixastes que o cumprimento de vossa vontade dependesse de um querer tão ruim como o meu! Bendito sejais para sempre, e louvem-vos todas as criaturas! Glorificado seja por toda a eternidade o vosso nome! Que seria de mim, Senhor, se estivesse em minhas mãos o cumprir-se ou não vossa vontade! Desde já vos dou a minha livremente, embora há tempo em que não vai isenta de interesse, pois já tenho provas e extensa experiência do lucro encerrado nessa entrega absoluta do meu querer ao vosso. Ó amigas, que imenso ganho se acha aqui! E que perda imensa é não cumprir o que oferecemos ao Senhor quando lhe dirigimos estas palavras do Pai-nosso!

5. Antes de vos declarar o que se ganha, quero explicar-vos a quanto vos comprometeis, para que mais tarde não alegueis engano nem digais que o não entendestes. Não vos aconteça como a algumas religiosas que não fazem senão prometer, e quando o não cumprem, dão esta desculpa: não entenderam o alcance de sua promessa[86]. E bem pode ser, porque comprometer-se a renunciar à própria vontade e fazer a de outrem, parece muito fácil, mas, ao chegar o momento de pormo-nos à prova, compreendemos que é o exercício mais árduo que existe quando cumprido como se há de cumprir. Entretanto, os prelados, por conhecerem nossa fraqueza, nem todas as vezes nos levam com rigor; e, não raro, a fracos e fortes levam com a mesma brandura. Com Deus não é assim: pois sabe o Senhor a capacidade de sofrimento de cada um e, quando vê fortaleza numa alma, não se detém em cumprir nela sua vontade.

6. Quero dizer-vos agora e recordar-vos qual é essa vontade de Deus. Não tenhais medo que seja vos dar riquezas, ou deleites, ou honras, ou as demais coisas cá da terra. Não vos ama tão pouco: faz grande apreço do que lhe dais, e vo-lo quer pagar bem, pois vos outorga seu reino desde esta vida. Quereis ver como procede com os que de verdade lhe dirigem estas palavras? Perguntai-o a seu glorioso Filho, que lhas manifestou na oração do Horto. Como as disse com determinação e vontade irrevogável, vede como o Pai cumpriu bem nele o seu querer, acabrunhando-o de trabalhos e dores e injúrias e perseguições; até que, por último, se lhe acabou a vida com morte de cruz.

7. Aqui podeis ver, filhas, o que deu o Senhor àquele a quem mais amava; e deste modo entendereis qual é a sua vontade. Assim, pois, são estes os seus dons neste mundo. Dá con-

---

86. Assim o creio eu, porquanto o dizer é fácil, mas o executar é difícil; e se pensaram que tão fácil era uma coisa como outra, por certo não o entenderam. Fazei que em nossos conventos as noviças o compreendam bem, por meio de longas provas, antes da profissão; não pensem elas que se hão de limitar às palavras; é preciso haver obras também (Mosteiro do Escorial).

forme o amor que nos tem: aos que mais ama, dá mais destes dons; aos que menos ama, dá menos, tudo de acordo com o ânimo e amor que tem cada um a Sua Majestade. A quem muito o amar, verá que pode padecer muito por Ele; ao que pouco o amar, pouco padecerá. Tenho para mim que a medida da capacidade para levar cruz grande ou pequena é a do amor. Por conseguinte, se amais, irmãs, procurai que não sejam de mero cumprimento as palavras que dirigis a tão grande Senhor; antes, esforçai-vos por padecer o que a Sua Majestade aprouver. Sim, porquanto se de outra maneira lhe dais a vossa vontade, é mostrar-lhe a joia, fazer menção de entregar-lha, rogar-lhe que a aceite, e – quando Sua Majestade estende a mão para recebê-la – tornar a guardá-la muito bem guardada.

8. Não são zombarias essas que se façam àquele que tantas padeceu por nós. Ainda que não houvesse outra razão, não é admissível zombar dele tão amiúde, pois não são poucas as vezes que lhe repetimos estas palavras do Pai-nosso. Demos-lhe, enfim, por inteiro a joia que há tanto tempo fazemos menção de dar-lhe; na verdade, se Ele não nos concede primeiro seus dons, é para que lha entreguemos. Os mundanos já fazem muito quando estão deveras determinados a cumprir suas promessas. Quanto a vós, filhas, é preciso dizer e executar – palavras e obras – como, segundo parece, de fato fazemos nós, que somos religiosos. Acontece, porém, que em certas ocasiões não só lhe oferecemos a joia, mas chegamos a pôr-lha nas mãos, e depois a retomamos. No primeiro momento somos generosos, e em seguida ficamos tão penuriosos, que, em parte, melhor valeria ter pensado mais antes de dar.

9. Como tudo o que vos tenho aconselhado neste livro tem por fim este ponto: – a total entrega de nós mesmas ao Criador, bem como a sujeição de nossa vontade à sua, e o desapegarmo-nos das criaturas –, já tereis compreendido o muito que isto nos importa, de modo que não quero insistir mais. Direi apenas qual a razão de pôr aqui nosso bom Mestre as palavras sobreditas, como quem sabe quanto se ganha em prestar

esta homenagem a seu eterno Pai. É que, por este meio, dispomo-nos para com muita brevidade nos acharmos no termo do caminho e para fartarmo-nos da água viva da fonte, à qual me referi. Se, pelo contrário, não dermos por inteiro nossa vontade ao Senhor para que em tudo o que nos diz respeito se cumpra seu divino querer, jamais nos deixará beber dela.

10. Este beber, eis a contemplação perfeita acerca da qual me pedistes que escrevesse. Nisto, como já tenho escrito, nada fazemos de nossa parte: nem trabalhamos, nem agimos, nem temos necessidade de coisa alguma, porquanto tudo o mais estorva e impede de dizer: *fiat voluntas tua*, isto é, cumpra-se em mim, Senhor, vossa vontade de todos os modos e maneiras que Vós, Senhor meu, determinardes.

Se quiserdes enviar trabalhos, dai-me força, e venham! Se perseguições e enfermidades, e desonras e mínguas, aqui estou! Não afastarei o rosto, Pai meu, nem há razão para virar as costas. Ora, uma vez que vosso Filho, em meu nome e no de todos, deu esta minha vontade, não quero que haja falha da minha parte. Fazei-me, Vós, mercê, e dai-me vosso reino, como Ele o pediu, a fim de que eu o possa executar; em seguida, disponde de mim como de coisa vossa, conforme a vossa vontade.

11. Ó irmãs minhas, que força tem este dom! Quando feito com a devida determinação, consegue nada menos do que trazer o Todo-poderoso a ser um com a nossa baixeza, e transformar-nos em si, e fazer uma união do Criador com a criatura. Vede agora se ficareis bem pagas e se é bom mestre o vosso, que, por saber por onde há de ganhar a benevolência de seu Pai, ensina-nos de que modo e por quais meios havemos de servi-lo.

12. E quanto mais manifestamos pelas obras, pois não são palavras de cumprimento as que dizemos, mais e mais nos chega o Senhor a si, uma vez que nos levanta a alma acima de todas as coisas terrenas, e até de si mesma, a fim de habilitá-la a receber grandes mercês, pois nunca se farta de nos pagar nesta vida o dom que lhe fazemos de nós mesmos. Estima-o tanto que já

não sabemos mais o que pedir, e Sua Majestade nunca se cansa de dar. Não contente de ter feito a alma uma só coisa consigo, por havê-la já unido a si mesmo, começa a regalar-se com ela, a descobrir-lhe segredos, a folgar-se de que entenda quanto ganhou e conheça alguma parcela do que lhe está reservado. Faz com que perca aos poucos estes sentidos exteriores para que nada a ocupe: e isto é arroubamento. Começa a tratá-la com tanto amor que não só lhe restitui a vontade, mas dá-lhe por junto a sua própria, porquanto apraz ao Senhor – já que existe amizade tão íntima – que mandem cada um por sua vez, como se costuma dizer. Atende aos pedidos da alma à medida que ela cumpre suas ordens; e ainda muito melhor, porque é poderoso e executa quanto quer, e não deixa de querer.

13. A pobrezinha, por muito que se esforce, não consegue fazer tudo como quis; nada pode sem que lho deem, e sua maior riqueza é esta: ficar tanto mais devedora quanto mais serve a Deus. Aflige-se muitas vezes por se ver sujeita a tantos inconvenientes, embaraços e cativeiros que lhe provêm de estar no cárcere deste corpo, pois quisera amortizar um pouco a sua dívida; mas é muito boba de se afligir. Sim, porque ainda que façamos tudo o que está a nosso alcance, que poderemos pagar se – torno a dizer – não temos a oferecer senão o que recebemos? Resta-nos, pois, reconhecer nosso nada e fazer com perfeição aquilo que está em nossas mãos – que é dar a nossa vontade. Tudo o mais, para a alma que o Senhor fez até aqui chegar, embaraça e causa prejuízo em vez de proveito. Só tem algum poder a humildade; não a adquirida pelo entendimento, senão uma luz clara e verdadeira que num só instante compreende o que não poderia, mediante o trabalho da imaginação, alcançar em muito tempo acerca do nosso nada absoluto e do bem infinito que é Deus.

14. Dou-vos um aviso: não penseis chegar a esta altura por força ou diligência que empregueis de vossa parte. É inútil, e, pelo contrário, se antes sentíeis devoção, ficareis frias. Dizei somente com simplicidade e humildade, pois esta é a que tudo consegue: *fiat voluntas tua*.

CAPÍTULO 33

Trata da grande necessidade de que nos dê o Senhor o que lhe pedimos nestas palavras do Pai-nosso: O pão nosso de cada dia nos dai hoje[87].

1. Por bem entender o bom Jesus, como deixei dito, quão dificultosa coisa era essa que oferecia por nós, pois bem conhece nossa miséria, que muitas vezes finge não entender qual é a vontade divina – como somos fracos e Ele tão piedoso –, entrou na conta de que era necessário dar remédio. Deixarmos de dar a nossa vontade, viu que de nenhum modo nos convém, pois aqui está todo o nosso ganho; entretanto, conheceu quanto seria difícil cumprir o prometido. Com efeito, dizei a uma pessoa regalada e rica: "É vontade de Deus que modereis vossa mesa para outros, que morrem à fome, terem ao menos um pouco de pão": – sairá com mil razões para interpretar isto conforme lhe convier. Lembrai a um murmurador que é vontade de Deus querer tanto para o próximo a boa fama como para si: – logo perderá a paciência e não se deixará convencer por nenhum argumento. Ponderai a um religioso habituado à liberdade e ao regalo: "Vede quanto estais obrigado a dar bom exemplo; não só com palavras haveis de cumprir o que dizeis nesta petição do Pai-nosso, pois o jurastes e prometestes; é vontade de Deus que cumprais vossos votos; se derdes escândalo, ireis muito contra eles, mesmo que os não quebranteis formalmente; prometestes pobreza, guardai-a sem rodeios, pois assim o quer o Senhor": – não vos dará ouvidos. Se, ainda agora, alguns de nenhum modo hão de render-se, que seria se o Senhor não tivesse suprimido a maior parte das dificuldades por meio do remédio que instituiu? Só almas demasiado raras cumpririam esta palavra que, por nós, dirigiu ao Pai: *Fiat voluntas tua*. Ao

---

87. *Panem nostrum quotidianum da nobis hodie.*

ver, pois, o bom Jesus, a necessidade, buscou um meio admirável por meio do qual nos mostrou o extremo de amor que nos tem, e, em seu próprio nome e no de seus irmãos, fez esta petição: *O pão nosso de cada dia nos dai hoje, Senhor.*

Por amor de Deus, irmãs, compreendamos isto que pede nosso bom Mestre, pois nossa vida está em não permitirmos que este ponto passe despercebido; e convencei-vos de que destes muito pouco, pois tanto haveis de receber.

2. Parece-me agora a mim, salvo melhor parecer, que, ao ver o bom Jesus o que havia dado por nós e quanto nos importa esta dádiva, e, por outro lado, a grande dificuldade que nisto há, repito, pois por sermos tão vis e inclinados a coisas baixas, e termos tão pouco amor e ânimo, nos é mister pôr nele os olhos para nos decidirmos – e isto não uma vez, senão cada dia – neste ponto se determinou a ficar conosco. E como era coisa tão grave e de tanta importância, quis que nos viesse da mão do eterno Pai. Bem sabia que seu Pai não deixaria de confirmar e aprovar no céu o que Ele fizesse na terra, pois são ambos uma mesma coisa e a vontade de um é a do outro; contudo, era tanta a humildade do bom Jesus, que, por assim dizer, quis pedir licença, porquanto já ciente de que era o objeto do amor e da complacência do Pai. Entendeu com perfeição que nesta súplica pedia mais do que em todas as outras, pois já antevia a morte que o esperava e as desonras e afrontas que havia de padecer.

3. Que Pai haveria, Senhor, que, ao ter-nos dado seu Filho – e que Filho! – e ver o estado em que o pusemos, consentisse em deixá-lo entre nós a padecer de novo cada dia? Por certo nenhum, Senhor, senão o vosso: bem sabeis a quem pedis! Oh! valha-me Deus! que grande amor o do Filho, e que grande amor o do Pai! Já não me admiro tanto do bom Jesus, porquanto, ao dizer: "Faça-se a vossa vontade", havia de cumpri-la com a dignidade de quem é. Sim, pois não é como nós; e, por saber que o meio de a cumprir é amar-nos como a si mesmo, andava ansioso por executar com a maior perfeição este mandamento, embora muito à sua custa. Porém, Vós, Pai eterno, como consentistes? Como quereis ver cada dia em mãos tão indignas o vosso Filho?

156

Por uma vez que assim vos dignastes querer e consentir, bem vistes em que estado o deixaram. Como pode vossa piedade, a cada dia, a cada dia, presenciar as injúrias que lhe fazem? E quantas não se devem hoje assacar a este santíssimo sacramento! Em quantas mãos inimigas não o vê o Pai! Quantos desacatos por parte destes hereges!

4. Ó Senhor eterno! como admitis tal petição? Como dais vosso consentimento? Não vos guieis pelo amor de vosso Filho, que, a troco de realizar a pleno vossa vontade e de nos fazer benefícios, deixar-se-á despedaçar cada dia. Toca a Vós, Senhor meu, ver o que é justo, pois a vosso Filho nada parece demasiado. Por que razão há de ser todo o nosso bem à sua custa? Porquanto a tudo cala, e não sabe dizer por si, senão por nós – não há de haver quem declare em defesa deste mui amado Cordeiro?[88]

Tenho reparado que só nesta petição duplica Ele as palavras: primeiro diz e pede que nos seja dado este pão cada dia, e depois torna a dizer: *Nos dai hoje, Senhor*. Faz apelo a seu Pai, como a dizer-lhe que, pois já no-lo deu uma vez para morrer por nós, já é nosso: não o torne a tirar de nós, antes, deixe-o servir cada dia até o fim do mundo. Isto vos enterneça o coração, filhas minhas, e vos mova a amar o vosso esposo. Não há escravo que, de boa vontade, confesse que o é: e eis que o bom Jesus parece gloriar-se disto.

5. Ó eterno Pai! por certo, muito merece esta humildade! Com que tesouro compraremos vosso Filho? Já sabemos que fostes vendido por trinta moedas de prata, mas para comprá-lo não há preço que baste! Parece aqui tornar-se uma só coisa conosco pela parte que tem de nossa natureza, e, como Senhor de sua vontade, faz ver a seu Pai que, pois é dono dela, no-la pode dar; e assim diz: *O pão nosso*. Não estabelece diferença alguma entre si e nós; entretanto, nós a estabelecemos entre nós e Ele para não nos darmos cada dia por Sua Majestade.

---

88. Dai licença que diga eu, Senhor, já que nos quisestes outorgar este direito, e acolhei minha súplica. Vede com que perfeição vos obedeceu vosso Filho e com que amor se deu a nós (Mosteiro do Escorial).

CAPÍTULO 34

Prossegue a mesma matéria. É de muita utilidade para depois de haver recebido o santíssimo sacramento.

1. Nesta petição, as palavras *cada dia* dão a entender um dom que há de durar para sempre. Quando me pus a pensar por que razão depois de haver dito o Senhor *cada dia*, tornou a dizer *nos dai hoje, Senhor*, pareceu-me o seguinte. Ser nosso *cada dia*, segundo me parece, quer dizer que o temos na terra e também o teremos no céu caso nos aproveitemos bem de sua companhia, pois não permanece conosco senão com o fim de nos animar, sustentar e ajudar a fazer a vontade de Deus, a qual já pedimos que se cumpra em nós.

2. O dizer *hoje*, significa, penso eu, que o pedido é feito só para um dia, isto é, enquanto durar o mundo, e não mais: e de fato é só um dia! Quanto aos desventurados que se condenam e não o gozarão na outra vida, se se deixam vencer, não é por culpa do Senhor, pois não se cansa de animá-los até o fim da batalha. Não poderão, portanto, desculpar-se, nem terão a alegar que o Pai eterno lhes tomou seu Filho quando mais necessitados estavam. E assim diz o Senhor a seu Pai, que, pois se trata de um único dia, deixe-o passar em servidão; e, já que Sua Majestade só por seu querer no-lo deu e enviou ao mundo, Ele agora quer, por sua própria vontade, não nos desamparar, e permanecer aqui conosco para maior glória de seus amigos e pena de seus inimigos. Solicita, pois, uma vez mais, mas só para hoje, este sacratíssimo pão que já Sua Majestade, repito, nos havia dado para sempre; este mantimento e maná da santa humanidade, o qual achamos como queremos e graças ao qual, a não ser por nossa culpa, não morreremos de fome. Sim, por-

que de qualquer modo que a alma quiser comer, encontrará no santíssimo sacramento sabor e consolação. Não há necessidade, nem trabalho, nem perseguição que não se torne fácil de sofrer se começamos a saborear os padecimentos de Cristo[89].

3. Como este Senhor, pedi, filhas, ao Pai do Céu, que vos deixe hoje o vosso Esposo para que não vos vejais sem Ele neste mundo. Já baste, para moderar tão grande contentamento, ficar Ele tão disfarçado debaixo dos acidentes de pão e vinho, o que não é pequeno tormento para quem não tem outra coisa a amar, nem outro consolo. Suplicai-lhe que ao menos não vos falte, e vos conceda as disposições necessárias para o receberdes com dignidade.

4. Com o pão material – vós que tão deveras vos abandonastes à vontade de Deus – não vos preocupeis; digo, nestes momentos de oração destinados a tratar de coisas mais importantes. Outros tempos há para trabalhar e ganhar de comer, embora jamais convenha ter preocupação ou gastar nisto o pensamento. Justo é que procureis sustentar-vos, mas trabalhe o corpo e descanse a alma. Deixai esse cuidado, como ficou dito de modo deveras demorado, a vosso Esposo, que Ele o terá sempre.

---

89. Não quero pensar que se tenha o Senhor lembrado desse outro pão que serve de mantimento às necessidades corporais, nem quisera eu que vos lembrásseis de tais coisas. Está Ele em contemplação demasiado elevada, e quem se acha nesse estado tem a memória tão elevada acima do mundo a ponto de não saber se está nele: quanto mais se há de comer! E havia de pedir o Senhor com tanto empenho o alimento material, para si e para nós? Não está de acordo com o que estou a dizer. Está Ele a ensinar-nos a fixar nossa vontade nas coisas do céu, e a pedir a graça de começarmos a gozar dele desde aqui debaixo: e havia de meter-nos em coisas tão baixas quais pedir de comer? Como se não nos conhecesse! Bem sabe Ele que quando começamos a cuidar das necessidades do corpo logo esquecemos as da alma. Não somos tão discretos a ponto de pecarmos poucas coisas e com elas nos contentemos. É o contrário: quanto mais o Senhor nos der, mais nos parecerá que tudo nos há de faltar, até a água. Deixai, filhas, semelhantes petições àqueles que ambicionam mais do que o necessário (Mosteiro do Escorial).

5. Quando um criado entra a serviço de alguém, empenha-se em contentar em tudo a seu senhor; mas este, por sua vez, está obrigado a dar de comer ao servo enquanto o guarda em casa e recebe seus serviços, salvo se for tão pobre que não tenha nem para si nem para ele. Aqui não se dá este caso: é e será sempre rico e poderoso. Ora, não seria bonito andar o criado a pedir de comer, pois sabe que o amo terá cuidado disto e não lhe faltará. Com razão lhe diria este que se ocupe em servi-lo e contentá-lo; não suceda que, por andar distraído com esses cuidados que não devia ter, não faça coisa capaz. Assim, pois, irmãs, tenha quem quiser preocupação de pedir este pão material: quanto a nós, roguemos ao eterno Pai que mereçamos receber nosso Pão celeste de maneira que, embora não possam os olhos do corpo deleitar-se com sua vista por estar tão encoberto, se descubra Ele aos da alma e se nos dê a conhecer. Que diferente manjar de consolações e regalos é este, e como sustenta a vida![90]

6. Pensais que não é mantimento deveras para o corpo este santíssimo manjar, e poderosa medicina ainda para os males corporais? Eu sei que assim é, e conheço uma pessoa achacada de graves enfermidades que com frequência, em virtude de estar com fortes dores, ao comungar, logo ficava boa de todo[91], como se alguém lhas tirasse com a mão. Isto lhe acontecia muito de ordinário; e tratava-se de males bem conhecidos que, em meu ver, não se podiam fingir. E porque as maravilhas operadas por este santíssimo pão nos que o recebem com dignidade são muito notórias, não relato várias pois me seria fácil contar

---

90. Quanto ao necessário para o sustento da vida, podeis estar certos de que, mais vezes do que quiséramos e quase sem advertência, o desejaremos e pediremos. Nem é preciso que no-lo tragam à memória, pois nossa má inclinação às coisas ignóbeis nos serve de despertador, mais amiúde do que desejaríamos, repito. Ao menos não ponhamos com advertência nossos cuidados senão em pedir ao Senhor o que já vos disse, porque se o tivermos, teremos tudo (Mosteiro do Escorial).
91. A própria santa.

dessa mesma pessoa, de quem as podia saber, e tenho certeza de que não mentia. Mas esta recebera do Senhor tão viva fé que, se ouvia alguém mostrar desejo de ter vivido no tempo em que no mundo andava Cristo nosso bem, ria-se consigo mesma. Parecia-lhe que se o temos no santíssimo sacramento tão em verdade como então, que mais queremos?

7. Dessa pessoa tive ocasião de saber o que vou contar. Durante longos anos, embora não fosse muito perfeita, procurava esforçar a fé ao comungar, nem mais nem menos, como se, com os olhos corporais, visse entrar o Senhor na sua alma; e, por crer de verdade que viera este Senhor à sua pobre pousada, desocupava-se de todas as coisas exteriores, quanto lhe era possível, e entrava-se juntamente a Ele. Procurava recolher os sentidos para que todos entendessem tão grande bem; quero dizer, para que não impedissem a alma de obedecê-lo. Considerava-se aos pés do Senhor e chorava com Madalena, nem mais nem menos do que se o visse na casa do fariseu; ora, embora não sentisse devoção, a fé lhe dizia que Ele estava ali de fato.

8. Com efeito, se não queremos cegar nosso entendimento e fazer-nos de bobos, não há que duvidar. Não se trata de imagem formada pela imaginação, como quando consideramos o Senhor na cruz ou noutros passos da paixão e figuramos dentro de nós mesmos o que então se passou. Aqui Ele está presente, é a inteira verdade, e não há para que ir buscá-lo mais longe ou noutra parte. Sabemos que está conosco o bom Jesus enquanto o calor natural não consome os acidentes do pão; cheguemo-nos, pois, a Ele. Se, quando andava no mundo, só o contato de suas vestes sarava os enfermos, como duvidar que fará milagres – em virtude de estar tão dentro de nós – se tivermos fé? Como negará o que lhe pedirmos, se está em nossa casa? E não costuma Sua Majestade pagar mal a pousada quando encontra bom acolhimento.

9. Tendes pesar porquanto o não vedes com os olhos corporais? Lembrai-vos de que isto não nos seria conveniente. Uma coisa era vê-lo quando andava na terra, e outra vê-lo

glorificado. Tamanha é a nossa fraqueza natural que ninguém poderia sofrer sua vista; nem haveria mundo, nem quem nele quisesse viver; porque, ao olhar esta Verdade eterna, veríamos como é mentira e brincadeira tudo o que estimamos por cá. E, contemplando tão imensa Majestade, como ousaria uma pequenina pecadora como eu, que inúmeras ofensas lhe tem feito, aproximar-me tanto dele? Sob as aparências daquele pão está mais familiar; ora, se o Rei se disfarça, julgamo-nos autorizados a tratar com Ele sem tantas cerimônias e etiquetas. Parece que está obrigado a sofrê-lo, já que se disfarçou. De outro modo, quem ousaria chegar-se a comungar com tanta lassidão, com tanta indignidade, com tantas imperfeições!

10. Oh! como não sabemos o que pedimos, e como o Senhor tudo dispôs melhor com sua sabedoria! Àqueles que se hão de aproveitar de sua presença, Ele se descobre: e, ainda quando não se lhes manifesta aos olhos corporais, muitos meios tem de se mostrar à alma por meio de grandes sentimentos interiores e por diferentes vias. Ficai-vos com Ele de boa vontade; não percais tão boa ocasião de negociar, como é o tempo depois da comunhão. Se a obediência, irmãs, ordenar outra coisa, procurai deixar a alma com o Senhor; porque se logo distraís o pensamento e não fazeis caso, nem vos lembrais de quem está dentro de vós, como se vos há de dar a conhecer?[92] Este é, pois, o tempo propício para sermos ensinadas por nosso Mestre, bem como para o ouvirmos e lhe beijarmos os pés em agradecimento de se ter dignado ensinar-nos.

11. Suplicai-lhe, então, que não se aparte de vós. Isto haveis de pedir; e não digam ou olhem a alguma imagem de Cristo: é tolice, em meu ver, deixar a própria pessoa para con-

---

92. Se a obediência vos mandar outra coisa, procurai deixar a alma unida ao Senhor; pois vosso Mestre é Ele, e, ainda que o não entendais, não deixará de ensinar-vos. Mas se logo pondes o pensamento em outros objetos e não fazeis mais caso daquele que está dentro de vós do que se o não tivésseis recebido, queixai-vos de vós, e não dele (Mosteiro do Escorial).

siderar-lhe o retrato. Não seria absurdo se, ao visitar-nos uma pessoa muito querida, deixássemos de conversar com ela e estivéssemos todo o tempo a conversar com um seu retrato? Sabeis quando são bons e me deleitam em extremo estes colóquios? Quando a pessoa amada está ausente, ou quando, por meio de grandes securas, nos quer dar a entender que o está. Só então é sumo regalo ver a imagem daquele a quem com tanta razão amamos. Quisera eu encontrá-la sempre, de qualquer lado a que volvesse os olhos. Em que melhor ou mais delicioso objeto podemos empregar a vista do que em nosso Deus que tanto nos ama e em si contém todos os bens? Desventurados esses hereges que, por sua culpa, perderam esta consolação, além de tantas outras!

12. Mas findado o recebimento do Senhor, já que, em pessoa, o tendes diante de vós, procurai cerrar os olhos do corpo e abrir os da alma a fim de vê-lo em vosso coração. E eu vos digo e repito, e quisera vo-lo tornar a repetir muitas vezes: se vos acostumardes a assim proceder em todas as vossas comunhões, bem como procurardes ter limpa a consciência de modo que vos seja lícito gozar a miúdo deste bem, não virá Ele tão disfarçado a ponto de, segundo afirmei acima, não se vos dar a conhecer por várias maneiras, na medida do desejo que tiverdes de vê-lo. Podereis mesmo desejá-lo tanto que se descubra por completo a vós.

13. Se, porém, não fazemos caso dele; se, ao recebê-lo, deixamos logo sua companhia e vamos em busca de coisas ignóbeis, que há de fazer, então? Porventura há de forçar-nos a olhá-lo, uma vez que se quer manifestar a nós? Não! Nem por isso o trataram tão bem os judeus quando se deixou ver de todos a olhos nus! Dizia-lhes ao claro quem era, e foram raros os que nele creram. E, assim, já grande misericórdia nos faz a todos Sua Majestade por querer que entendamos sua presença real no santíssimo sacramento. Quanto a mostrar-se de claro e comunicar suas grandezas e repartir seus tesouros, isto não lhe apraz conceder sem nenhuma distinção: reserva-o aos que

muito o desejam, porquanto são estes os seus verdadeiros amigos. E eu vos declaro: quem o não for e não se chegar a com amizade recebê-lo, depois de ter feito tudo o que é de sua parte, jamais se atreva a importuná-lo para que se lhe dê a conhecer. Como pode alcançar de Deus tal favor quem está aflito por acabar com a ação de graças prescrita pela Igreja, e logo sai da casa de Deus e procura expulsá-lo de si? Dir-se-ia que, ao direcionar-se a muitos negócios, ocupações e embaraços do mundo, apressa-se o mais possível para que não lhe ocupe o coração aquele que, entretanto, é dele Senhor.

CAPÍTULO 35

Termina a matéria principiada com uma exclamação ao Pai eterno.

1. Por ser tópico deveras importante, demorei-me tanto neste ponto, embora já tenha dito na oração de recolhimento quanto é útil e necessário o entrar em si mesmo para tratar a sós com Deus. Quando, ao assistirdes à missa, não comungardes, filhas, podeis, com imenso proveito, comungar em espírito ao recolher-vos, em seguida, dentro de vós mesmas. Deste modo, imprime-se no mais profundo da alma o amor de Deus, pois quando nos dispomos a receber, jamais deixa de nos favorecer com seus dons, e de inúmeras maneiras pelas quais nem entendemos. É como acontece quando nos chegamos ao fogo. Embora muito aceso, se ficais longe e escondeis as mãos, mal vos podeis aquentar, conquanto sintais mais calor do que em lugar onde não haja fogo. Aproximai-vos, e a coisa será outra. Assim também, se vos quiserdes chegar ao Senhor com a alma bem-disposta, isto é, com desejo de perder a frieza, por um pouco de tempo que estejais ali, cobrareis calor para muitas horas.

2. Se no princípio não vos sentirdes bem – e isto poderá acontecer porque o demônio, por saber quanto lhe prejudica esta prática, vos fará sentir angústias e apertos de coração, dando-vos a entender que achais mais devoção noutras coisas, e nesta menos – tomai cuidado, irmãs, e nem por isso abandoneis este modo de orar. Por esta prova verá o Senhor se o amais deveras. Lembrai-vos de que há poucas almas que o acompanham e o seguem em seus trabalhos: soframos por Ele um pouco, e Sua Majestade no-lo pagará. E lembrai-vos também:

quantas pessoas há que não só desejam não estar com Ele, mas com muita descortesia o expulsam de si? Justo, pois, é que passemos algumas dificuldades para lhe testemunhar que temos desejo de vê-lo. E, pois Ele tudo sofre e está disposto a sofrer a troco de achar uma só alma que o receba e o guarde em si com amor, seja essa alma a vossa. Sim, porquanto se nenhuma houvesse, o eterno Pai com razão não lhe consentiria permanecer conosco; mas, como tão Amigo de seus amigos e tão Senhor de seus servos, quando vê a vontade de seu bom Filho, não lhe quer estorvar obra tão excelente, de modo que mostra, com tamanha perfeição, o amor que tem ao Pai.

3. Já que assim é, Pai santo que estais nos céus, já que o quereis e aceitais – e claro está que não haveis de rejeitar pedido tão útil para nós – alguém há de haver, como disse a princípio, que diga por vosso Filho, pois Ele jamais se defendeu. Exprimamo-nos, filhas! É atrevimento, por ser as que somos, mas tenhamos confiança, porquanto o bom Jesus declara: "Pedi e recebereis"[93]. Em obediência ao seu preceito, e em seu nome, façamos a Sua Majestade esta súplica: por ter Vosso Divino Filho concedido tão grande benefício aos pecadores, visto ter-nos dado o mais que podia dar, ordene vossa piedade e se sirva de pôr remédio para que não seja tão maltratado. E, pois instituiu meio tão admirável para que o possamos oferecer em sacrifício repetidas vezes, valha-nos tão precioso dom para que não vão adiante males demasiado grandes, bem como tantos desacatos como se fazem nos lugares onde havia este santíssimo sacramento entre os luteranos – destruídas as igrejas, trucidados tantos sacerdotes, banidos os sacramentos.

4. Mas que é isto, meu Senhor e meu Deus! Ou acabai com o mundo, ou remediai tão graves males. Não há coração que o sofra, nem os nossos, embora sejamos ruins. Suplico-vos, eterno Pai, não o sofrais Vós: atalhai esse fogo, Senhor, pois o podeis se quiserdes. Olhai que ainda está no mundo vosso Filho:

---

93. Jo 16,24.

por seu respeito, cessem coisas tão feias, abomináveis e imundas. Por sua formosura e limpeza, não merece estar onde há semelhantes coisas. Não o façais em atenção a nós, Senhor, que não o merecemos: fazei-o em atenção ao vosso Filho. Quanto a suplicar-vos que o não deixeis conosco, não o ousamos pedir: que seria de nós? Se alguma coisa vos aplaca, é termos cá tal prenda. Mas algum meio há de haver, Senhor meu: aplique-o Vossa Majestade.

5. Ó meu Deus, quem me dera importunar-vos sem cessar e ter-vos prestado grandes serviços, para poder, em paga de meus labores, solicitar tão alta mercê, pois nenhum deixais sem recompensa. Mas nada fiz por Vós, Senhor: antes, fui eu, porventura, quem vos irritou, e é em virtude de meus tão grandes pecados que sobrevieram tantos males. Portanto, que me resta a fazer, Criador meu, senão apresentar-vos este sacratíssimo pão, tornando a oferecer-vos o que nos destes, e suplicar-vos que, pelos méritos de vosso Filho, concedais-me esta mercê, pois Ele de tantos modos a tem merecido? Dai-vos pressa, Senhor, dai-vos pressa! Fazei que se amanse este mar; não ande sempre em tão furiosa tormenta esta nave da Igreja! E salvai-nos, Senhor meu, uma vez que perecemos[94].

---

94. Mt 8,25.

CAPÍTULO 36

Trata destas palavras do Pai-nosso:
Perdoai-nos as nossas dívidas.

1. Ao ver nosso bom Mestre como, graças a este celestial manjar, a não ser por nossa culpa, tudo se nos torna fácil, e como podemos muito bem cumprir o que dissemos ao Pai: "Seja feita a vossa vontade", agora acrescenta que nos perdoe nossas dívidas, pois também nós perdoamos. E assim, quando continua a oração que nos ensina, diz estas palavras: E perdoai-nos, Senhor, as nossas dívidas, assim como nós perdoamos aos nossos devedores.

2. Reparai, irmãs, que não diz: "Como perdoaremos". E a fim de nos dar a entender que isto já deve ser fato consumado para quem implora dom tão grande como o precedente e já submeteu sua vontade ao desígnio de Deus. E assim diz: *como nós perdoamos*. Fique, pois, bem assentado: quem deveras tiver dito ao Senhor esta palavra: *fiat voluntas tua*, há de ter perdoado tudo, ou, ao menos, estar resolvido a fazê-lo. Esta é a razão pela qual se folgavam os santos com as injúrias e perseguições: é que tinham alguma coisa para apresentar ao Senhor em troca das mercês que lhe pediam. Mas que fará uma criatura tão pobre como eu, que tão pouco perdoa e tanto quer pedir perdão? Eis um fato, irmãs, que devemos ponderar muito: coisa tão grave e de tanta importância como é o perdoar-nos Nosso Senhor nossas culpas, merecedoras do fogo eterno, nos é concedida a troco de ato tão desprovido de valor como é perdoarmos nós. E ainda destes atos insignificantes tenho tão poucos a oferecer, que sem pedir nenhum pagamento me haveis de perdoar, Senhor. Aqui acha campo vossa misericórdia. Bendito sejais Vós por me sofrerdes, a mim criatura tão pobre, que, por exprimir

vosso Filho em nome de todos, tenho de sair da conta, em vista da minha vileza e falta de merecimentos.

3. Mas, Senhor meu, dar-se-á caso que outras pessoas nas mesmas condições que eu não tenham compreendido isto? Se as há, em vosso nome lhes suplico que se lembrem desta verdade e não façam caso de umas deveras diminutas misérias a que chamam agravos. Dir-se-ia que, qual as crianças, edificamos, com esses pontos de honra, casinhas de palhas. Oh! Valha-me Deus, irmãs! Se entendêssemos que coisa é honra e em que consiste perdê-la!... Agora não me refiro a vós, pois muito triste seria se já não tivésseis entendido isto; refiro-me a mim, no tempo em que me prezei de apego à honra, sem entender que coisa era. Ia atrás dos outros. Oh! Em quantas miudezas me dava por agravada! Agora me sinto deveras envergonhada; e não era, aliás, das mais suscetíveis nessas matérias. Entretanto, não entendia o ponto principal, porque não olhava nem fazia caso da honra que zela os interesses da alma e é a única proveitosa. Oh! como falou bem quem disse que honra e proveito não podem andar juntos! Todavia, não sei se o disse a este propósito. E assim é, ao pé da letra, porquanto o proveito da alma e aquilo a que o mundo chama honra, jamais podem imiscuir-se. É coisa espantosa ver quanto o mundo anda às avessas. Bendito seja o Senhor que dele nos tirou![95]

4. Mas olhai, irmãs, que demônio não nos deixa no esquecimento: também nos mosteiros inventa suas honras e promulga suas leis, de modo que há elevar e rebaixar em dignidade, a exemplo do que ocorre entre os mundanos. Os letrados devem andar de acordo com suas letras, pois isto não entendo. O que chegou a ser lente de teologia não há de rebaixar-se a lente de filosofia, visto que o ponto de honra exige que se eleve, e não

---

95. Praza a Sua Divina Majestade que esteja sempre tal desgraça tão longe desta casa como ora está, porquanto Deus nos livre de mosteiros onde há pontos de honra! Ora, nunca o Senhor é muito honrado neles (Mosteiro do Escorial).

que se rebaixe. E ainda que lho mandasse o superior, dar-se-ia por agravado; e não faltaria quem o defendesse e protestasse que é afronta. E logo o demônio fornece argumentos para dar alguma aparência de razão até segundo a lei de Deus. Vejamos agora entre nós. A que foi priora há de ficar inabilitada para outro ofício mais baixo. Fazemos questão de ver qual é a mais antiga – pois que isto nenhuma esquece – e até às vezes o julgamos meritório, por assim prescrever a regra.

5. É coisa que faz rir, ou antes, com mais razão, faz chorar. Sim, porque não manda a regra que não tenhamos humildade; prescreve a boa ordem, mas não hei de ser tão ordenada nesta matéria das atenções para comigo a ponto de ter tanto zelo por este ponto da regra como por outros, que, quiçá, guarde com imperfeição. Não se concentre nisto toda a perfeição da nossa observância regular; outras hão de olhar por mim se eu me descuidar. O caso é que somos inclinadas a subir – ainda que por aqui não subiremos ao céu – e ninguém nos diga em descer. Ó Senhor, Senhor! Não sois Vós nosso Mestre e Modelo? Sim, por certo. Uma vez que nos diz: em que fizestes consentir vossa honra, Vós que honrais aos vossos servos? Não a perdestes, decerto, por vos terdes humilhado até à morte; não, Senhor, antes, a ganhastes para nós todos.

6. Oh! por amor de Deus, irmãs! Vede que perdemos o rumo em consequência de ir errado o caminho desde o princípio! Praza a Deus não se venha a condenar uma alma por ter guardado esses tristes pontos de honra sem entender em que consiste a verdadeira honra! E, depois, ousaremos pensar que fizemos muito quando perdoamos uma coisinha qualquer, que nem agravo era, nem injúria, nem nada; e muito convencidas, como se tivéssemos feito uma proeza, viremos dizer ao Senhor que nos perdoe, pois havemos perdoado! Dai-nos, meu Deus, a compreender que não nos conhecemos, e que nos apresentamos diante de Vós com as mãos vazias; e perdoai-nos Vós por vossa misericórdia. Na verdade, Senhor, pois todas as coisas acabam e o castigo é eterno, nenhuma obra

vejo digna de vos ser apresentada em troca de tão grande mercê. Só a podeis conceder em atenção àquele que vos pede por nós.

7. Mas quanto deve ser estimado pelo Senhor este amar-nos uns aos outros! Bem pudera o bom Jesus apresentar a seu Pai outras obras, e dizer-lhe: Perdoai-nos, Senhor, porque fazemos áspera penitência, ou porque rezamos muito, e jejuamos, e deixamos tudo por Vós, e muito vos amamos. Não alega também: porque perderíamos por Vós a vida; nem, como digo, outras coisas que poderia encarecer; senão somente: porque perdoamos. É talvez porquanto sabe quanto somos amigos desses malditos pontos de honra; e, por ser coisa mais dificultosa de alcançar de nós, e mais agradável a seu Pai, isto alega e oferece de nossa parte.

8. Vede bem, irmãs, que Ele diz: *assim como nós perdoamos*; declara coisa já feita, repito. Prestai grande atenção a este ponto: se, ao sair da oração, a alma que recebe mercês de Deus na contemplação perfeita a que me referi não está muito determinada a perdoar, e, quando se lhe oferece ensejo, não perdoa, com efeito, qualquer injúria, por grave que seja – não há muito que fiar de sua oração. Não me refiro a certas ninharias que chamam injúrias, pois a alma que Deus une a si em tão elevado estado não faz caso delas, nem se lhe dá mais de ser estimada do que abatida. Digo mal: muito mais desgosto lhe causam as honras do que as desonras, e o muito folgar com descanso do que os trabalhos. É porque, de fato, já lhe deu o Senhor seu reino desde esta vida e, por isso, ela nada mais quer do mundo. Compreendeu que para reinar com mais elevação é este o verdadeiro caminho, e já viu por experiência quão grande lucro está encerrado nos trabalhos e quanto se adianta a alma que padece por Deus. Com efeito, é demasiado raro chegar Sua Majestade a fazer tão sublimes regalos senão a quem suportou, de boa vontade, graves tribulações por seu amor. Como já vos disse noutra parte deste livro[96], grandes são as cruzes dos contemplativos, e assim busca o Senhor gente experimentada.

---

96. Cap. 28.

9. Tende por certo, irmãs, que estes, como já entenderam o que valem as criaturas, não se detêm muito em coisas que passam. Se algum extraordinário trabalho ou injúria causa-lhes um primeiro movimento de pesar, ainda bem não o sentiram quando, por outro lado, acode a razão, de modo que ela parece levantar o estandarte em defesa de seus direitos e deixar quase aniquilada aquela pena. Há, porém, o gozo de lhes ter posto o Senhor nas mãos esse meio de ganharem mais diante de Sua Majestade em matéria de mercês e favores perpétuos num só dia do que poderiam ganhar em dez anos de trabalhos escolhidos por sua própria vontade. Isto é muito comum, ao que entendo: tenho tratado com grande número de contemplativos e sei com certeza que é assim. Como outros apreciam o ouro e as joias, prezam eles os trabalhos e os desejam, porquanto estão convencidos de que é por meio deles que se hão de enriquecer.

10. São pessoas estas que estão muito longe de ter a mínima estima de si: gostam de ver entendidos seus pecados e de dizê-los quando se veem estimadas por alguém. O mesmo lhes acontece a respeito de sua linhagem: já sabem que por este lado não terão privilégio no reino que é infindável. Só gostam de ser de raça ilustre quando assim é mister para maior serviço de Deus. Fora deste caso, pesa-lhes de serem tidos em mais do que são, e, sem nenhuma pena, e até mesmo com prazer, desfazem o engano. Isto acontece, creio eu, porque as almas a quem o Senhor faz mercê de tanta humildade e de tanto amor de Deus, quando se trata da maior glória divina, estão esquecidas por completo de si mesmas, e tampouco podem crer que outros sintam algumas pequenas coisas e as tenham por injúrias.

11. Estes efeitos, dos quais tratei por último, são de pessoas já muito chegadas à perfeição, às quais o Senhor amiúde faz mercê de uni-las a si em perfeita contemplação. Quanto ao que referi primeiro – que é estar determinado a sofrer injúrias, e sofrê-las de fato, embora com algum sentimento de pena – digo que muito em breve tem estas disposições a alma favorecida pelo Senhor até chegar à união. Quem não sentir

este fruto e não sair da oração muito fortalecido neste ponto, creia que não foi mercê do Senhor a que recebeu, mas alguma ilusão ou regalo do demônio feitos para que nos tenhamos na condição de mais honrados de Deus.

12. Pode ser que ao princípio, quando a alma começa a receber do Senhor estas graças, não fique logo com demasiada fortitude; mas asseguro que se continuar a recebê-las, em breve tempo ficará forte, se não nas outras virtudes, ao menos nesta de perdoar as ofensas. Não posso crer que uma alma que consiga chegar tão perto da divina misericórdia e dela aprender a conhecer sua miséria e o muito que Deus lhe tem perdoado, deixe de perdoar logo com toda a facilidade, bem como não esteja disposta a ficar muito bem com quem a injuriou. É porque tem diante dos olhos o regalo e mercê que o Senhor lhe concedeu com sinais de grande amor, e alegra-se de ter ensejo para lhe mostrar que também o ama.

13. Torno a dizer: conheço muitas pessoas que o Senhor tem favorecido e elevado a coisas sobrenaturais quando lhes concede a oração ou contemplação a que me referi: tenho nelas visto outras faltas e imperfeições, mas esta jamais vi, tampouco creio ser possível haver, se as mercês procederem de Deus, como já ficou dito. Quem receber maiores graças, examine como lhe crescem estes efeitos; e se nenhum efeito vir em si, tenha muito receio e não atribua esses regalos a Deus, que sempre enriquece, repito, a alma a quem se comunica. Isto é certo: ainda que os favores e regalos passem depressa, podem ser conhecidos com vagar pelos frutos que deixam na alma. E como o bom Jesus bem sabe disto, foi com determinação que afirmou a seu santo Pai *que perdoamos aos nossos devedores*.

CAPÍTULO 37

Da excelência desta oração do Pai-nosso e das consolações que de muitos modos acharemos nela.

1. É coisa para louvarmos muito ao Senhor a sublimidade e perfeição desta oração evangélica! Bem mostra ter sido feita por tão bom Mestre. Cada uma de nós, filhas, pode usá-la de acordo com seu espírito. Admiro-me ao ver como em tão poucas palavras está encerrada toda a contemplação e perfeição, de tal forma que parece não termos necessidade de outro livro: basta-nos estudar este. Com efeito, até aqui nos tem ensinado o Senhor todo o modo de orar até a mais alta contemplação, visto que principia pela oração mental e pela de quietação e de união. Tivesse eu capacidade para saber explicar, quiçá escreveria um volumoso tratado de oração acerca de tão verdadeiro fundamento. Agora já começa o Senhor a dar-nos a entender os efeitos que deixam as mercês quando nos vêm de sua mão, como tendes visto.

2. Tenho pensado comigo: por que razão não se explicou com mais clareza Sua Majestade em matérias tão elevadas e abstrusas, a fim de que todos o entendêssemos? Parece-me o seguinte: como esta oração devia ser geral para todos, convinha deixá-la vaga para que pudesse cada um pedir conforme a seu intento e consolar-se por julgar entendê-la bem. Assim, que os contemplativos, porquanto já não querem as coisas da terra, e as pessoas já muito dadas a Deus, peçam as graças celestes que, pela grande bondade do Senhor, se podem alcançar nesta vida. Os que ainda estão metidos no mundo e nele têm de viver de acordo com o seu estado, peçam também seu pão com que se hão de sustentar a si e a sua família, e ainda as demais coisas de que têm necessidade, e isto é muito justo e santo.

3. Mas, notai bem! Há dois pontos dignos de nota: dar-lhe a nossa vontade e perdoar, dizem respeito a todos. Verdade é

174

que há mais e menos no modo de os observar, como ficou dito acima. Os perfeitos darão a vontade como tais, e perdoarão com deveras perfeição, segundo já vimos; nós, irmãs, faremos o que pudermos; que o Senhor tudo receba. Dir-se-ia que Sua Majestade faz em nosso nome uma espécie de tratado com seu eterno Pai, como se dissesse: Fazei Vós isto, Senhor, e meus irmãos farão aquilo. E é indubitável que da parte de Deus não haverá falta. Oh! oh! é muito bom pagador, e paga além de toda a medida!

4. De tal maneira poderemos dizer uma vez esta oração, que, ao ver o Senhor que em nós não há fingimento, antes, cumpriremos nossas promessas, de uma só feita nos deixe ricas. É muito amigo de que usemos de verdade para com Ele. Quando o tratamos com simplicidade e clareza, quando não dizemos uma coisa e pensamos outra, sempre dá mais do que lhe pedimos. Em virtude de saber isto nosso bom Mestre, via que as almas que de fato chegassem à perfeição no pedir haviam de ficar em elevado grau com as mercês recebidas do eterno Pai. A um só tempo, entendia que os já perfeitos, e os que procuram tornar-se tais, não temem, tampouco o deveriam, como se costuma dizer: trazem o mundo debaixo dos pés; só querem contentar ao Senhor de todas as coisas e, como podem ter desmesurada esperança de que Sua Majestade está contente por conta dos efeitos operados em suas almas, por estarem embebidos nesses regalos nem sequer se lembram de que há mundo, tampouco de que têm inimigos.

5. Ó sabedoria eterna! Quão bem nos ensinais! E que grande coisa é, filhas, um mestre sábio, prudente, que nos acautela contra os perigos! É todo o bem que uma alma espiritual pode desejar aqui embaixo, porquanto infunde grande segurança. Não tenho palavras para encarecer quanto é importante. Assim, ao ver o Senhor que era mister despertá-los e lembrar-lhes de que têm inimigos – porquanto muito mais perigoso é para eles o andarem descuidados e muito mais necessidade têm do auxílio do eterno Pai, pois cairiam de mais alto –, para que não andem enganados, sem mesmo o entender, faz estas últimas petições tão necessárias para todos enquanto vivemos neste desterro: *E não nos deixeis, Senhor, cair em tentação, mas livrai-nos do mal.*

CAPÍTULO 38

Trata de quanto é necessário suplicar ao eterno Pai nos conceda o que lhe pedimos nestas palavras: *Et ne nos inducas in tentationem, sed libera nos a malo*[97]. Declara algumas tentações. É digno de nota.

1. Grandes coisas temos aqui, irmãs, que nos cumpre meditar e entender, já que as pedimos. Reparai bem: tenho por muito certo que os perfeitos não pedem ao Senhor que os livre dos trabalhos, nem das tentações, tampouco das perseguições e pelejas, antes, os desejam, pedem e amam, como disse há pouco. Eis outro sinal muito grande e seguro para se conhecer que a contemplação e as mercês recebidas de Sua Majestade procedem do Espírito do Senhor, e não de ilusão diabólica. Com efeito, são como os soldados que estão mais contentes quando maior é a guerra, porque esperam sair com mais vantagens; quando há paz, recebem o soldo por seus serviços, mas veem que não podem galgar muitos postos.

2. Crede, irmãs: o soldado de Cristo, por assim dizer, quem tem contemplação e trata de oração, está ansioso pela hora do combate. Dos inimigos públicos jamais tem grande medo; já os conhece e sabe que não poderão resistir à força que lhe infunde o Senhor; está certo de sempre sair vitorioso e com grande lucro: nunca lhes volta o rosto. Só teme – e é justo sempre temer e pedir ao Senhor que nos livre deles – a uns inimigos que há, traiçoeiros, demônios que se transfiguram em anjos de luz e aparecem disfarçados. Enquanto não fizeram muito dano à alma, não se deixam conhecer: bebem aos poucos o sangue com o intuito de arruinar as virtudes, com o fito de que andemos em cheio na tentação sem que nos demos por ela. Destes pecamos, filhas, e supliquemos muitas vezes

---

97. Não nos deixeis cair em tentação, mas livrai-nos do mal.

no Pai-nosso, nos livre o Senhor: não consinta que andemos em tentação e ludibriadas; descubra-nos a peçonha oculta, Sua Majestade, para não se obscurecerem aos nossos olhos a luz e a verdade. Oh! com quanta razão nos ensina nosso bom Mestre a pedir isto, e o pede por nós!

3. Considerai, filhas, que de muitas maneiras nos prejudicam. Não penseis que seja tão somente por fazer-nos aceitar como oriundos de Deus os gostos e regalos que logram fingir em nós. Este, em parte, se me afigura o menor dano que nos conseguem fazer. Poderá até acontecer que nos façam com isto caminhar mais depressa, pois, levadas por aquele gosto, mais horas daremos à oração. Ignorando que tudo é obra do demônio e julgando-nos indignas de tais regalos, jamais acabaremos de dar graças a Deus; pelo contrário, mais obrigadas nos sentiremos a servi-lo; e faremos todos os esforços para nos dispormos a receber do Senhor novas mercês, visto julgarmos que todas nos vêm de suas mãos.

4. Procurai sempre, irmãs, a humildade; reconhecei que não sois dignas de tais favores e não os procureis. Tenho para mim que, por este modo de proceder, muitas almas escapam ao demônio pelo mesmo meio com que ele pensava ganhá-las. O Senhor, por seu lado, extrai nosso bem do mal que o próprio inimigo pretendia fazer-nos; ora, vê Sua Majestade nosso intento, a saber, contentá-lo e servi-lo, ao estarmos a seus pés na oração, e fiel é o Senhor. Bom é andarmos de sobreaviso para que não haja quebra na humildade, tampouco surja alguma vanglória. Suplicai ao Senhor que disto vos livre e não tenhais medo, filhas: não permitirá Sua Majestade que recebais muito regalo de ninguém, senão dele mesmo.

5. Ocasiões há nas quais pode o demônio, de modo deveras sorrateiro, causar grande dano ao fazer-nos crer que temos virtudes sem que as tenhamos[98]. Isto é verdadeira peste; ora,

---

98. Sem o sentirmos e julgando-nos seguros, damos conosco numa cova donde não logramos sair; e embora nem sempre se trate de pecado mortal conhecido que nos leve ao inferno, ficamos, contudo, com as pernas paralisadas e incapazes de prosseguir este caminho de que comecei a tratar, pois ainda não me esqueci dele. Bem vedes! como poderá andar

quem está metido num grande fosso? Ali, pouco a pouco se lhe acaba a vida, e bem feliz será se não afundar sempre mais até ir dar consigo no inferno. Pelo menos, nunca medrará: mesmo que não se perca de todo, não fará bem a si e nem aos outros, e até fará mal, porquanto muitas almas que seguem pelo mesmo caminho, ao encontrar feita a cova, podem nela cair. Para não causar dano a si mesmo e nem aos outros, é preciso sair e aterrar o buraco; mas, asseguro-vos, bem perigosa é esta tentação. Conheço-a muito, por experiência, e assim posso precaver-vos contra ela, embora não tão bem como desejaria. Dá-vos o demônio a entender que sois pobres, e com alguma aparência de verdade, porquanto prometestes pobreza (de boca, bem entenda-se); e, assim, ilude também outras pessoas dadas à oração. Digo: de boca, porquanto se de coração o tivéssemos prometido e compreendêssemos o alcance de nossa promessa, impossível seria que o demônio nos pudesse reter vinte anos, e até mesmo toda a nossa vida, nesta ilusão. Sim, pois veríamos que enganamos o mundo e a nós mesmas. Eis como se passam as coisas. Aquele que fez voto de pobreza, ou pelo menos se tem em conta de pobre, diz consigo mesmo: "Eu nada quero: tenho tal objeto porque não posso passar sem ele; enfim, preciso viver para servir a Deus; – Ele quer que demos sustento ao corpo". E ainda mil diferentes razões, todas muito boas que o demônio, transfigurado em anjo de luz, lhe sugere aos poucos a fim de convencê-lo de que já é pobre e tem esta virtude, bem como que nada mais lhe resta a fazer. Venhamos agora à prova, pois, de outro modo, impossível será tirar a limpo a verdade. Examinemos sempre as obras, e, se houver preocupação desordenada, bem depressa dará sinal de vida. Tem uma pessoa renda até demasiada para sua subsistência; isto é, para o necessário, e não para tomar três criados quando pode passar com um. Movem-lhe um pleito por qualquer negócio temporal, ou deixa-lhe de pagar o pobre lavrador, e ei-lo tão aflito e empenhado em defender seus direitos como se não pudesse viver sem aquela migalha. Dirá que assim faz para que não se percam os bens por sua incúria, pois logo surge a desculpa. Não digo eu que deixe tudo ao desamparo: faça o que estiver em suas mãos, mas fique em paz, seja qual for o êxito, porquanto o verdadeiro pobre tem em baixa estima os bens da terra e, ainda quando os procura por algum motivo razoável, jamais se inquieta, pois nunca receia que lhe venham a faltar. E se faltarem, não faz muito caso visto que os tem por coisa acessória, e não imprescindível. Deles se ocupa por não ter remédio, porém seus pensamentos sobem mais alto. Vejamos agora um religioso ou religiosa que – já se sabe – é pobre, ou pelo menos o deve ser. Nada tem, mas muitas vezes é porque nada lhe dão. Se acha quem lhe dê algum presente, será milagre julgá-lo supérfluo. Sempre gosta de guardar alguma pequenina reserva. Se pode ter

178

nos gostos e regalos parece que estamos só a receber, e ficamos mais obrigados a servir; mas aqui, dir-se-ia, damos e servimos, e está o Senhor obrigado a recompensar-nos. Deste modo, pouco a pouco nos faz o inimigo muito dano, pois, por uma parte, a humildade se enfraquece, e, por outra, nos descuidamos de adquirir aquela virtude que imaginamos já ter ganho. Que remédio haverá, irmãs? O melhor, em meu ver, é o que nos ensina nosso Mestre: orar e suplicar ao eterno Pai não permita que andemos em tentação.

6. Ainda vos quero indicar outro meio. Se nos parece que o Senhor já nos deu alguma virtude, fiquemos convencidas: é dádiva de suas mãos, e, portanto, no-la pode tornar a tirar, como, com efeito, acontece muitas vezes, não sem grande providência de Deus. Nunca o experimentastes, irmãs? Pois eu, sim. Umas vezes se me afigura estar desapegada por completo, e, na verdade, ao chegar-me a prova, vejo que de fato o estou. Noutras, acho-me tão presa a coisas de que porventura zombaria na véspera que, por assim dizer, quase não me conheço mais. Em certos dias parece-me ter tanto ânimo a ponto de não recuar diante de nenhum obstáculo, mormente por se

---

hábito de pano fino, não o pede de fazenda ordinária. Deseja ter alguma coisinha, ainda que sejam livros, que possa empenhar ou vender em caso de enfermidade para se prover de mais regalo do que o ordinário. Ai de mim pecadora! Então foi isso o que prometestes? Não foi, pelo contrário, descuidar-vos de vós e abandonar-vos a Deus, suceda o que suceder? Se andai a assim fazer provisões para o futuro, menos vos distrairíeis por ter rendas certas. Ainda que isto se possa fazer sem pecado, convém que entendamos estas imperfeições para vermos quão longe estamos de ter a virtude da pobreza, e, assim, peçamo-la a Deus e esforcemo-nos por adquiri-la. Pelo contrário, o pensamento de que já a temos nos faz viver descuidadas e, o que é pior, iludidas. O mesmo acontece acerca da humildade. Parece-vos que não quereis honras e nem fazeis caso de nada. Venha, porém, a ocasião de vos tocarem em algum ponto sensível e logo, por vosso sentimento e modo de agir, demonstrareis que não sois humilde. Se, pelo contrário, se apresentar alguma honra maior, não a rejeitareis; assim como os pobres de que tratei acima não recusam as superfluidades. E praza a Deus não as procurem! (Mosteiro do Escorial).

tratar de obras do serviço de Deus; e, feita a experiência, tenho esforço para algumas. Vem outro dia em que não me acho com valor para matar uma formiga sequer por Deus, se nisto achasse contradição. Da mesma forma, há tempos em que, em meu ver, não faria caso de nenhuma calúnia ou murmuração contra mim; e, chegada a ocasião, assim é, e até me causa contentamento. Vêm outros tempos em que me aflijo só por uma palavra, e quisera ir-me embora do mundo porque tudo nele me cansa. E isto não acontece só comigo; tenho visto algo similar em muitas pessoas melhores do que eu, e sei que é assim.

7. Ora, o fato é este: quem poderá gabar-se de ser virtuoso e de estar rico se, quando precisa lançar mão da virtude, acha-se sem ela? Não, minhas irmãs, tenhamo-nos sempre em conta de pobres e não nos endividemos sem ter com que pagar, visto que de outra mão nos há de vir o tesouro e não sabemos se porventura quererá deixar-nos no cárcere de nossa miséria sem nos dar coisa alguma. E se os homens, por nos julgarem virtuosas, nos cobrirem de honras e de atenções – que são estas as dívidas a que me refiro –, ficarão logrados, e nós juntamente com eles. Verdade é que o Senhor não nos deixará de socorrer nos momentos difíceis se o servirmos com humildade; mas se não estivermos muito arraigadas nesta virtude, a cada passo, como se costuma dizer, nos deixará de sua mão. E de sua parte é imensa mercê porquanto com isto tornamo-nos humildes e entendemos esta verdade: nada temos que o não tenhamos recebido.

8. Agora prestai atenção a outro aviso. Persuade-nos o demônio de que temos alguma virtude, por exemplo, a paciência, porque nos determinamos e temos contínuos desejos de sofrer em demasia por Deus. Parece-nos que em verdade, chegada a hora, sofreríamos tudo, e, com isto, vivemos demasiado satisfeitas porque o maligno nos confirma nesta persuasão. Tomai meu conselho: de tais virtudes não façais caso. Enquanto não as virdes bem provadas, convencei-vos de que não as conheceis senão de nome e ainda não as recebestes do Senhor; pois acontecerá que, à menor palavra desagradável que ouvirdes, vá

180

a paciência por água abaixo. Quando sofrerdes bem, repetidas vezes, louvai a Deus que vos começa a ensinar esta virtude, e animai-vos a padecer mais. Se Ele vo-la dá, sinal é que deseja ver-se pago com o próprio exercício da paciência; e não a tenhais senão como em depósito, conforme ficou dito.

9. Há outra tentação. Julgamo-nos muito pobres de espírito e temos costume de repetir que nada queremos e de nada fazemos caso; mas, ainda bem se não oferece a ocasião de termos alguma coisa, mesmo além do necessário, logo se desvanece toda a pobreza de espírito. Muito contribui o hábito de alardear uma virtude para nos fazer imaginar que de fato a temos. É deveras útil o andar sempre de sobreaviso para entender que isso é tentação, tanto nos pontos que mencionei como em muitos outros, uma vez que quando dá a sério o Senhor uma virtude sólida, dir-se-ia que ela arrasta consigo todas as outras: é fato muito conhecido. Mas torno a avisar-vos: mesmo quando vos parecer ter alguma, tende receio de enganar-vos, pois sempre anda duvidoso acerca das próprias virtudes o verdadeiro humilde, e muito de ordinário considera mais seguras e de mais valor as que vê no seu próximo.

CAPÍTULO 39

Prossegue a mesma matéria. Dá vários conselhos
acerca de diversas tentações e sugere remédios
contra elas.

1. Guardai-vos também, filhas, de certas humildades
acompanhadas de grande inquietação acerca da gravidade de
nossos pecados; estas procedem do demônio, porquanto deste modo costuma angustiar de muitas maneiras as almas, e
até mesmo apartá-las das comunhões e da prática da oração,
quando as convence de que não são dignas. Quando se acercam do santíssimo sacramento, todo o tempo em que haviam
de receber mercês se lhes vai em examinar se estão, ou não,
bem preparadas. Dominada pela tentação, chega uma alma
ao extremo de pensar que, por ser tão má, está abandonada
de Deus; quase põe em dúvida a misericórdia divina. Todas as
suas ocupações lhe parecem perigosas, e suas obras, infrutíferas, por boas que sejam. Vem-lhe tal desconfiança que deixa
cair os braços, anda sem ânimo para bem algum uma vez que
se lhe afigura que nela é mau o que é bom nos outros.

2. Prestai atenção, filhas, a este ponto, pois algumas vezes
poderá ser humildade e virtude o ter-vos por tão ruim, e, outra
vezes, colossal tentação. Como tenho passado por ela, conheço-a bem. A humildade não inquieta, nem desassossega, nem produz alvoroto, por grande que seja; antes, vem com paz, e regalo,
e sossego. Ainda que alguém, por se ver tão ruim, entenda com
deveras clareza que merece estar no inferno, e se aflija em virtude disso, bem como se julgue merecedor de ser com justiça aborrecido de todos, e quase não ouse implorar misericórdia – se for
boa a humildade, virá esta pena acompanhada de tanta doçura e
contentamento, que não há de querer ver-se sem ela. Não causa
alvoroto nem angústia na alma, antes, a dilata e a dispõe para
servir mais a Deus. Quando é a outra pena, tudo perturba, tudo

atrapalha, revolve tudo –, é demasiado penosa. O que pretende o demônio, penso eu, é convencer-nos de que somos humildes, e, de caminho, ver se nos pode fazer desconfiar de Deus.

3. Quando assim vos achardes, atalhai o mais possível o pensamento de vossa miséria e lembrai-vos da misericórdia de Deus e do muito que nos ama e padeceu por nós. E se for tentação, nem isto podereis fazer; ora, o maligno vos inquietará o espírito e não vos deixará pensar senão em coisas que vos aflijam mais: já será muito se conhecerdes que é tentação. De igual modo age quando nos sugere demasiadas penitências para nos persuadir de que somos mais penitentes do que as outras e que, por isso, temos algum merecimento. Se vos andardes a esconder do confessor ou da prelada, ou se, dizendo-lhe que as deixeis, não vos sujeitais, é clara a tentação. Procurai obedecer, por mais que o sintais, pois nisso está a maior perfeição.

4. Acomete-nos ainda com uma segurança bem perigosa, porquanto nos faz imaginar que de maneira alguma seríamos capazes de tornar às culpas passadas e aos prazeres do mundo. "Já tenho experiência – faz ele pensar –, sei que tudo passa, e mais gosto me dão as coisas de Deus…" Isto, se surge no princípio, é muito mau, pois, com esta persuasão, nada se nos dá de nos expormos de novo às ocasiões, e tornamos a cair em absoluto. E praza a Deus não seja muito pior a recaída! É que o demônio, quando vê uma alma capaz de lhe causar prejuízos e de fazer bem a outras, empreende todos os seus recursos para que ela não se levante. E assim, por mais gostos e prendas de amor que o Senhor vos der, nunca andeis seguras a ponto de não temer as recaídas e de não evitar as ocasiões.

5. Procurai em demasia conferir esses regalos e mercês com alguma pessoa que vos possa dar luz e para a qual não tenhais segredo; e no princípio e no fim da oração, por elevada contemplação que seja, tende sempre cuidado de findar no conhecimento de si mesmo. Aliás, se forem de Deus, ainda que o não queirais nem vos lembreis deste aviso, assim fareis ainda mais vezes, porque trazem consigo humildade e sempre nos deixam mais luz para entendermos nosso pouco valor. Não me quero deter nisto, pois em muitos livros achareis estes ensina-

mentos. Se discorri, deve-se ao fato de que tenho passado por estas coisas, e vez ou outra sofri em demasia. Tudo quanto se possa dizer, não deve infundir inteira segurança.

6. Ora, que havemos de fazer, ó Pai eterno, senão acudir a Vós e suplicar-vos que não nos metam em tentação estes nossos adversários? Assaltos públicos venham: com vosso favor, melhor nos livraremos; mas essas traições, quem as entenderá, Deus meu? Sempre temos necessidade de pedir-vos remédio. Dizei-nos, Senhor, alguma palavra que nos esclareça e nos confira segurança. Já sabeis que por este caminho não vão muitos e, caso haja inúmeros perigos a temer, irão ainda muito menos.

7. Coisa estranha é esta! Como se o demônio não tentasse aos que não trilham o caminho da oração! Espanta-se mais o mundo quando vê cair em ilusões diabólicas um só dos mais chegados à vida perfeita do que cem mil deveras imersos em enganos e pecados públicos, de modo que nem sequer é preciso examinar se são bons ou maus, pois, à distância de mil léguas, mostram ser de satanás. A bem dizer, há razão; ora, entre os que rezam o Pai-nosso do modo acima dito, poucos são os iludidos pelo demônio, e todo fato novo e insólito causa-lhes pasmo. Com efeito, é muito próprio dos mortais o passar com deveras facilidade pelo que veem de contínuo, bem como o admirar-se muito do que de quando em vez, ou quase nunca, sucede. O próprio demônio espalha essa estupefação; assim lhe convém, porquanto uma só alma que atinge a santidade lhe faz perder uma multidão de outras[99].

---

99. E, repito, não me admiro da estupefação do mundo com tais quedas. Em verdade, são dignas de pasmo visto que, a não ser muito por sua culpa, as almas de oração vivem em muito maior segurança do que as que vão por outro caminho. Há tanta diferença, à guisa de exemplo, como entre os espectadores que, do alto da arquibancada, olham o touro, e os que se lhe andam a meter diante dos cornos. Esta comparação ouvi a alguém, e parece-me convir ao pé da letra. Não tenhais medo, irmãs, de ir por estes caminhos da oração. Muitos há, e variados; uns aproveitam a estas almas, e outros àquelas, como já disse. Estrada segura é: melhor vos livrareis da tentação se estiverdes junto do Senhor do que se vos afastardes dele. Suplicai-lhe e pedi-lhe sempre esta graça. É o que fazeis ao rezar tantas vezes ao dia o Pai-nosso (Mosteiro do Escorial).

CAPÍTULO 40

Diz como, se procurarmos andar sempre com amor e temor de Deus, caminharemos seguras por entre tantas tentações.

1. Dai-nos, nosso bom Mestre, algum remédio para vivermos sem muito sobressalto em guerra tão perigosa. O que podemos ter, filhas, e por Sua Majestade nos foi dado, é andar com amor e temor. O amor nos fará apressar o passo; o temor nos fará olhar bem onde pomos os pés para não cairmos em caminho tão cheio de tropeços como é o desta vida. Com isto, decerto não seremos enganadas.

2. Perguntar-me-eis: qual o modo de conhecer se tendes estas duas virtudes tão excelsas? E tendes razão, porque sinal certo e positivo não pode haver em absoluto. De fato, se tivéssemos certeza de ter o amor de Deus, também a teríamos de estar na sua graça[100]. Mas olhai, irmãs, há sinais que, parece, até os cegos podem ver: não estão secretos, bradam, ainda que os não queirais entender, e fazem muito ruído. Como não são numerosos os que os têm com perfeição, por isso mesmo se destacam mais. Amor e temor de Deus: pensais que é dizer pouco? São dois castelos fortes, de onde se dá guerra ao mundo e aos demônios.

3. Aqueles que deveras são amantes de Deus, tudo o que é bom amam, tudo o que é bom querem, tudo o que é bom patrocinam, tudo o que é bom louvam; com os bons sempre se juntam, e a estes favorecem e defendem; não prezam senão verdades e objetos dignos de amor. Pensais que as almas verdadei-

---

100. O que não é possível, a não ser por especial privilégio, notou o Padre Báñez, censor do *Caminho de perfeição*.

ramente enamoradas de Deus possam amar vaidades, riquezas e deleites mundanos, ou que tenham contendas e invejas? Não, não podem; e a única razão é porque não pretendem outra coisa senão contentar o Amado. Andam a morrer de desejo de que Ele as ame; e assim vivem a buscar meios de lhe serem mais agradáveis. Esconder-se? Qual! o amor de Deus, se deveras é amor, não pode ocultar-se! Se quereis a prova, olhai um São Paulo, uma Madalena. O primeiro, no fim de três dias, começou a dar mostras de estar enfermo de amor: este foi São Paulo. A Madalena, desde o primeiro instante; e como o provou bem! Sim, porquanto tem esta particularidade o amor: há mais e menos; e conforme a sua intensidade é que se dá a entender. Se é pouco, resplandece pouco; se é muito, muito; mas – pouco ou muito – o amor de Deus, onde existe, sempre se manifesta.

4. Agora, porém, tratamos mormente dos enganos e ilusões que o demônio arma aos contemplativos, e aqui não pode haver pouco. Ou não serão contemplativos, ou amarão muito e o darão a entender de modo indubitável e por diversas maneiras. É grande fogo: não pode deixar de dar grande resplendor. Se o não der, andem com o maior receio, e, creiam: há bem motivo de temer. Procurem entender a causa, façam orações, humilhem-se e supliquem ao Senhor não os deixe cair em tentação, pois tenho para mim que, quando falta este sinal, há perigo de estarem nela. Mas se andardes com humildade de coração e à procura de saber a verdade, sempre sujeitas ao confessor e a fazer uso de sinceridade e franqueza para com ele, repito: por mais ciladas e ilusões que vos arme o demônio, tirareis a vida dos meios com que ele vos pretendia dar a morte.

5. Se, porém, sentirdes esse amor de Deus de que mencionei, e o temor de que agora tratarei, vivei alegres e tranquilas. A fim de perturbar vossa alma e impedi-la de gozar tão grandes bens, vos inspirará o inimigo, e fará que outros vos inspirem, mil falsos temores, e, já que não vos consegue perder, procurará ao menos prejudicar a vós e a outros que poderiam lucrar muito se atribuíssem a Deus tão maravilhosas mercês feitas a tão ruim criatura, bem como as julgassem

186

possíveis, visto que algumas vezes parecemos esquecer suas antigas misericórdias.

6. Pensais que tenha pouco interesse o demônio em incutir esses temores? Não! pelo contrário, tem, e tem muito, porquanto assim causa dois males. Um é atemorizar os que ouvem dizer tais perigos a fim de fazê-los fugir da oração pelo temor de serem também enganados. O outro é diminuir o número dos que se chegariam a Deus ao ver como é tão bom e, repito, como ainda agora se digna comunicar-se intimamente com os pecadores desde esta vida. Estes favores celestes despertam cobiça, e com razão. Conheço algumas pessoas que por este meio se animaram e começaram a ter oração, de modo que, em pouco tempo, tornaram-se verdadeiros contemplativos e receberam do Senhor grandes mercês.

7. Assim, irmãs, quando virdes entre vós alguma a quem o Senhor conceda tais graças, louvai muito a Deus, mas nem por isso a julgueis segura; antes, ajudai-a com mais oração, porquanto ninguém pode estar a salvo enquanto vive e anda engolfado nos perigos deste tempestuoso mar. Torno a dizer: não deixareis de entender este amor onde quer que esteja; nem sei como se poderia ele encobrir.

Quando aqui na terra amamos alguma criatura, dizem que é impossível dissimular, e que tanto mais se descobre a paixão quanto mais se faz a fim de escondê-la; e, entretanto, é afeição tão ignóbil que nem sequer merece o nome de amor, porque se apoia no nada. E seria possível encobrir o amor para com Deus, amor tão forte, tão justo, que sempre aumenta e não vê coisa que não mereça ser amada; acaso isto seria possível se fundado está em tão sólida base como é a certeza de ser pago com outro amor do qual já se não pode duvidar, pois está provado tão ao claro por imensas dores e trabalhos e derramamento de sangue e até perda da vida, para nenhuma dúvida nos ficar a esse respeito? Oh! valha-me Deus! como devem parecer diferentes esses dois amores a quem ambos experimentou!

8. Praza a Sua Majestade nos dar o seu antes de nos tirar desta vida, porque grande consolação causará à hora da morte

o ver que seremos julgados por aquele a quem amamos mais que todas as coisas[101]. Seguras, podemos partir com o processo de nossas dívidas: não é ir à terra estranha, mas à nossa própria, pois é a Pátria daquele Senhor a quem tanto amamos e que nos ama tanto... Ponderai aqui, filhas minhas, que bens traz consigo este amor! Pelo contrário, não o ter é a perdição, pois nos faz cair nas mãos do tentador, mãos tão cruéis, mãos tão inimigas de todo bem e amigas de todo mal.

9. Que será da pobre alma que, por apenas acabar de sair de tais dores e trabalhos como são os da morte, logo cai nelas? Que mau descanso acha! Quão despedaçada irá para o inferno! Que multidão de serpentes de toda sorte! Que temeroso lugar! Que desventurada hospedagem! Se uma noite passada em má hospedaria parece difícil de suportar às pessoas amigas de regalos (e são estas as que porventura vão para lá em maior número), que sentirá – pergunto-vos – aquela triste alma nessa má pousada que há de durar para todo o sempre, de modo deveras infindável? Ah! não queiramos regalos, filhas; estamos bem aqui; afinal de contas, dura só uma noite a má pousada. Louvemos a Deus; esforcemo-nos por fazer penitência nesta vida e veremos quão suave será a morte de quem já expiou todos os seus pecados e não tem de passar pelo purgatório! Como é bem possível que desde este mundo comece a gozar da glória, não verá em si temor, senão completa paz.

10. Se não chegarmos a tanto, irmãs, supliquemos a Deus que, ao menos, se formos logo receber penas, seja em mansão onde, com a esperança de dela sair, soframo-las de boa vontade e donde não percamos sua graça e amizade; e, Senhor, assista-nos nesta vida com seu favor para que não andemos em tentação sem o entendermos.

---

101. Grande coisa será na hora da morte, quando vamos para o desconhecido, o termos amado mais que todas as coisas ao Senhor, e com paixão de amor que nos arrebate acima de nós mesmas, que nos há de julgar. Isto tem de melhor o amor divino que as afeições aqui da terra, além de muitas outras vantagens: desde que amamos a Deus, estamos bem seguras de que Ele nos ama (Mosteiro do Escorial).

CAPÍTULO 41

Trata do temor de Deus, bem como das maneiras de nos guardarmos dos pecados veniais.

1. Como me alarguei! E, todavia, não tanto quanto quisera, pois é coisa saborosa tratar de tal amor. E que será tê-lo?[102] O Senhor mo conceda, por quem Sua Majestade é! Venhamos agora ao temor de Deus. Também é muito patente, quer para a alma que o tem, quer para os que tratam com ela. Quero, entretanto, advertir-vos de que, no princípio, não está tão crescido, salvo em algumas pessoas às quais, como já disse, faz o Senhor grandes mercês e em breve tempo as torna ricas em virtudes. Mas em geral, repito, não se dá muito a conhecer a princípio. Aos poucos aumenta em valor e cresce a cada dia, de modo que logo se dá a entender, porquanto, além de outros sinais, leva de imediato a alma a apartar-se dos pecados, das ocasiões e das más companhias. Mas em quem já chegou à contemplação, e é disto que mormente tratamos agora, – o temor de Deus, da mesma forma que o amor, anda muito de claro e não se pode dissimular, nem mesmo no exterior. Por mais que observeis essas pessoas com a máxima atenção, nunca as vereis andar descuidadas: o Senhor as sustém de tal maneira que não cometerão

---

102. Ó Senhor meu, dai-mo Vós! Não saia eu desta vida até não querer dela coisa alguma; nem saiba o que é amar senão a Vós; nem acerte a aplicar a ninguém este nome, pois tudo é falso: o alicerce não tem firmeza e, assim, não é duradouro o edifício. Não sei por que nos admiramos quando ouvimos dizer: Este me pagou mal, aquele não gosta de mim. Rio comigo mesma. Por que vos há de pagar, ou por que vos há de querer? Por aí vereis o que é o mundo! O vosso próprio amor vos dá depois o castigo, e é o que vos faz sofrer. Mais é verdes que empregastes vossa afeição em jogos de meninos (Mosteiro do Escorial).

com advertência um só pecado venial, seja qual for o interesse que se lhes oferecer. Quanto aos mortais, tomem-nos como ao fogo. E estas são as ilusões que eu quisera, irmãs, muito temêssemos. Supliquemos sempre a Deus que a tentação não seja tão violenta a ponto de o ofendermos: antes, que Ele no-la conceda conforme a força que nos há de dar para vencê-la. Isto é o principal; este temor, desejo eu, nunca se aparte de nós, pois é o que nos há de valer.

2. Oh! que grande coisa é não ter ofendido ao Senhor para que seus servos e escravos infernais fiquem de mãos atadas! Pois, enfim, todos o hão de servir, queiram ou não queiram; eles, à força, e nós, de todo o coração. Se contentarmos a Deus, ficarão à distância, e não nos poderão causar dano algum, por mais que nos tentem e armem laços secretos.

3. Tomai à vossa conta este aviso de extrema importância: trabalhai sempre por adquirir tão grande determinação de não ofender ao Senhor, de modo que estejais dispostas a preferir perder mil vidas a cometer um pecado mortal; e dos veniais, guardai-vos com suma vigilância. Refiro-me aos que se cometem com advertência, pois, sem ela, quem estará livre de cometer muitos? Mas há uma advertência de caso pensado; outra há tão rápida que cometer o pecado e dele ter consciência é quase a mesma coisa. Nem chegamos a bem entender. Mas Deus nos livre de pecado conhecido a pleno, por pequeno que seja! Quanto mais que não pode haver pouco, visto que contra tão grande Majestade, a qual vemos que nos está a olhar. A mim parece que é isto pecar com premeditação, como se alguém dissesse: "Senhor, ainda que vos pese, farei este ato. Bem sei que o vedes e o não quereis, estou convencido; mas, antes, desejo mais seguir meu capricho e apetite do que vossa vontade". E que nesta matéria possa haver pouco, a mim não parece, por leve que seja a culpa; senão muito, e em demasia.

4. Por amor de Deus, irmãs, prestai atenção: se quereis adquirir este temor santo, grande necessidade tendes de entender quão grave coisa é uma ofensa a Deus, e de ocupar nisto muito

de ordinário vossos pensamentos. Para nós é questão de vida ou de morte – e ainda mais – o ter arraigada em nossas almas esta virtude. Enquanto não a tiverdes, andai sempre com muito cuidado, apartando-vos de todas as ocasiões e companhias que não vos ajudem a ir mais para Deus. Tende grande vigilância para dobrar vossa vontade em tudo o que fizerdes, bem como cuidado para que edificantes sejam as vossas palavras; por fim, fugi de onde houver práticas que não sejam de Deus. É deveras necessário imprimir bem em si este temor, que, aliás, cobra-se depressa quando verdadeiro amor há. Mas, uma vez que em nossa alma virmos inteira determinação de não ofender a Deus por nenhuma criatura deste mundo, o caso é outro. Embora haja algumas quedas – porquanto somos fracos e não há que fiar de nós, de modo que, quanto mais determinados, menos havemos de presumir de nossa parte, pois só de Deus nos há de vir a confiança – quando entendermos de nós o que acima ficou dito, já não nos é preciso andar tão acanhados e tímidos. O Senhor nos favorecerá, e já o costume virá em nossa ajuda para não ofendermos a Sua Majestade. Desde então, portai-vos com liberdade santa e tratem com quem for justo, ainda que sejam pessoas distraídas. Sim, porque aqueles de antes de tiverdes este verdadeiro temor de Deus seriam qual veneno e instrumento para vos matar a alma, porquanto muitas vezes contribuirão depois para mais amardes ao Senhor e o bendizerdes por vos ter livrado de perigos já tão evidentes a vossos olhos; e se antes servíeis para ajudá-los em suas fraquezas, agora servireis para que se vão à mão em vossa presença. Ainda que não tenham intenção de acatar-vos, há de assim acontecer.

5. Louvo ao Senhor muitas vezes, e pergunto a mim mesma: qual será a causa de tão amiúde atalhar um servo de Deus, sem dizer palavra, as inconveniências que se proferem contra Sua Majestade? Deve ser esta: no mundo, se temos um amigo e está ausente, todos diante de nós lhe têm respeito e não se atrevem a atacá-lo, pois sabem que o temos na mais alta estima; assim, o homem em estado de graça, por humilde que

seja, deve fazer, em consequência dela própria, que lhe tenham reverência e não ousem afligi-lo, pois todos entendem quanto há de sentir por ver a Deus ofendido. O certo é que não conheço bem a causa, mas sei que muito de ordinário sucede isto. Por conseguinte, como dizia, não vos acanheis, porquanto, se a alma começa a encolher-se, é coisa muito má para todo bem; e, às vezes, dá em ser escrupulosa, e ei-la sem préstimo para si e para os outros. Mesmo que o mal não chegue a tanto, será boa para si, porém não atrairá a Deus os outros, pois tal é a nossa natureza que, à vista de tanto constrangimento e aperto, ficarão atemorizados e contrafeitos, de modo que fugirão de seguir o vosso caminho, embora o reconheçam com demasiada clareza como o mais perfeito.

6. Daqui, pois, procede outro inconveniente, a saber, o julgar mal a outros que não vão por vosso caminho, e, entretanto, têm mais santidade. Se os vedes tratar aos próximos com cordialidade e sem esses encolhimentos, com o intuito de lhes fazer bem, logo os tendes por imperfeitos, e sua alegria santa tachais de dissipação. Isto acontece mormente a nós que não temos letras e não sabemos o que se pode fazer sem pecado. É coisa de extremo perigo; é andar em tentação contínua e deveras funesta por ser em prejuízo do próximo. De fato, pensar que vão menos bem os que não imitam vosso acanhamento é péssimo. E há outro mal: nalguns casos em que seria conveniente e até obrigatório dizer, não ousareis fazê-lo por medo de cair nalgum excesso; e chegareis até mesmo a dizer bem do que deveríeis condenar como abominável.

7. Assim, pois, irmãs, tanto quanto puderdes, e sem ofender a Deus, procurai ser afáveis. Portai-vos de tal sorte com todas as pessoas que vos rodearem, que amem vossa conversação, que desejem vosso modo de viver e tratar e que não se atemorizem e amedrontem de praticar a virtude. Para vós, religiosas, isto é muito importante: quanto mais santas, mais conversadas com vossas irmãs; e, ainda que sintais muita pena quando suas conversas não são dos assuntos que vos agradam,

192

nunca vos esquiveis, se desejais fazer-lhes bem e ser amadas por elas. Sim, porque muito havemos de procurar ser afáveis, de agradar e de satisfazer as pessoas com quem vivemos, mormente as nossas irmãs.

8. Assim, pois, filhas minhas, tratai de entender a verdade: Deus não apura tantas miudezas como pensais. Não fiqueis com a alma e o ânimo encolhidos, pois com isso podereis perder muitos bens. Intenção reta! Vontade determinada, como disse, de não ofender a Deus! No mais, não deixeis vossa alma metida num canto, visto que, em lugar de conseguir santidade, tirareis numerosas imperfeições que o demônio vos incutirá por outros lados, e, repito, não sereis de tanto proveito a vós mesmas e às outras, como poderíeis ser.

9. Estais a ver como mediante estas duas coisas – amor e temor – podemos ir sossegadas e quietas por este caminho, embora não de todo descuidadas, porque o temor há de sempre tomar a dianteira. Segurança total não imaginemos ter enquanto estivermos nesta vida: seria grande perigo. E assim o entendeu nosso Mestre quando, no fim desta oração, dirigiu a seu Pai estas palavras, como quem via quanto são necessárias: *Mas livrai-nos do mal. Amém.*

CAPÍTULO 42

Em que trata das últimas palavras do
Pai-nosso: *Sed libera nos a malo. Amen.*
Mas livrai-nos do mal. Amém.

1. Parece-me que tem razão o bom Jesus de pedir isto
para si, pois bem mostrou quão cansado estava deste mundo
quando na ceia, que era a última de sua vida, declarou a seus
apóstolos: "Desejei com grande desejo cear convosco"[103]. Por
aí vemos como devia estar fatigado de viver. E agora não estão
fartos os que têm cem anos; antes, desejam viver sempre mais!
É verdade que não passamos a existência com tamanha dure-
za nem com tantos labores e pobreza como Sua Majestade a
passou. Que foi toda a sua vida senão uma contínua morte?
Trazia sempre diante dos olhos o fim tão cruel que lhe haviam
de dar; e isto era o menos: o pior era a vista de tantas ofensas
que se faziam a seu eterno Pai e de tão grande multidão de
almas que se perdiam. Se mesmo entre nós causa isto insu-
portável tormento a quem sabe amar ao próximo, que seria
para a caridade tão sem limite nem medida deste Senhor? Oh!
Quanta razão tinha de suplicar ao Pai que o livrasse já de tantos
males e trabalhos e o introduzisse para sempre no descanso de
seu reino, do qual era legítimo herdeiro!

2. *Amém.* Quando diz este Amém – remate e fecho de
tudo –, pede o Senhor, segundo me parece, que sejamos livres
de todo mal para todo o sempre[104]. É também o que suplico ao

---

103. Lc 22,15.
104. Escusado é pensar, irmãs, que neste mundo possamos viver isen-
tos de muitas tentações, e imperfeições, e até pecados, pois – como se
diz, e é bem verdade – quem cuidar que não tem pecado está iludido.

Senhor. Livre-me em definitivo de tantos males, pois não pago o que devo, e talvez me esteja a endividar cada dia mais. E o que não me sinto capaz de sofrer, Senhor, é não poder saber ao certo se vos amo e se meus desejos são aceitos diante de Vós. Ó Senhor e Deus meu, livrai-me, sem sentença, de todo mal, e sede servido de me levar à mansão de todos os bens! E que esperam já, na terra, as almas que receberam de Vós algum conhecimento acerca do nada do mundo e com viva fé anseiam pelo que o eterno Pai lhes tem reservado?

3. Este pedido, feito com veemente desejo e determinação plena, é para os contemplativos notável penhor de que são de Deus as mercês que recebem na oração; por conseguinte, devem apreciá-las grandemente. Em mim, porém, não têm a mesma origem; quero dizer, não julgueis que procedam da mesma causa: senão de que, tendo eu tão mal vivido, já tenho medo de viver mais, e estou cansada de tantos trabalhos. Quanto às almas que participam dos regalos de Deus, não é

Se, por outro lado, considerarmos os males e trabalhos corporais – quem haverá que não sofra incontáveis, e de vários modos? Tampouco é conveniente pedir ao Senhor que os aparte de nós! Ora, se parece impossível sermos livres de todo mal, quer em relação aos do corpo – torno a dizer – quer em relação às faltas e imperfeições no serviço de Deus, procuremos entender o que solicitamos nesta petição. Não me refiro aos santos, pois estes tudo poderão em Cristo, como dizia São Paulo; falo dos pecadores, como eu, que me acho imersa em frouxidão, tibieza, pouca mortificação e outras muitas misérias, e vejo que me cumpre pedir remédio ao Senhor. Vós, filhas, pedi o que vos parecer melhor; quanto a mim, não acho remédio nesta vida, e, assim, rogo ao Senhor que me livre de todo mal para sempre. Que bem achamos neste mundo, irmãs, pois carecemos do sumo bem e vivemos ausentes dele? Livrai-me, Senhor, desta sombra de morte; livrai-me de tantos trabalhos; livrai-me de tantas dores; livrai-me de tantas mudanças; de tantos cumprimentos a que, porquanto forçosos, nos havemos de sujeitar neste desterro; de tantas, tantas, tantas coisas que cansam e fatigam. Se fosse dizer todas, causaria tédio a quem isto lesse. Já não se pode mais permanecer na terra! Vem-me quiçá este cansaço por ter vivido tão mal e por ver que ainda agora não vivo como deveria, uma vez que recebi tantas mercês (Mosteiro do Escorial).

de estranhar que almejem estar na mansão onde os possam fruir de pleno, e não a sorvos, e não queiram ficar em vida na qual tantos embaraços se opõem ao gozo do Sumo bem; antes, desejem estar onde para eles não tenha ocaso o Sol de Justiça. Depois de tantas graças, como lhes parece tenebroso tudo quanto veem na terra! Admiro-me de que ainda possam viver! Por certo, não acha contentamento quem já aqui embaixo começou a gozar do Reino de Deus, e se ainda vive, não é por sua própria vontade, mas pela de seu Rei.

4. Oh! quão diferente deveria ser esta vida para não se desejar a morte! Como nossa vontade se inclina de modo diverso à vontade de Deus! Quer o Senhor que busquemos a verdade, e buscamos a mentira; quer que amemos o eterno, e nos inclinamos ao que tem fim; quer que aspiremos às coisas grandes e elevadas, e desejamos as baixas e terrenas; quer que só ponhamos nosso fito no que é seguro, e gostamos do que é incerto. Parece zombaria, filhas minhas! Supliquemos, pois, a Deus, que nos livre destes perigos para sempre, e nos liberte já de todo mal. E ainda que nosso desejo não seja perfeito, esforcemo-nos por fazer esta petição. Que nos custa pedir muito, se pedimos ao Onipotente? Mas, para melhor acertar, entreguemos o despacho de nossos rogos à sua vontade, pois já lhe demos a nossa; e seja para sempre santificado seu nome, nos céus e na terra, e em mim seja sempre cumprido o seu beneplácito. Amém[105].

5. Admirai agora, irmãs, como o Senhor poupou-me trabalho por ensinar a vós e a mim o caminho de que pretendi dizer-vos, pois me deu a entender o muito que pedimos quando recitamos esta oração evangélica. Seja Ele bendito para sempre! Por certo, jamais me veio ao pensamento que houvesse nela tão

---

105. Pensei também em dizer-vos alguma coisa acerca do modo de bem rezar a ave-Maria, mas alarguei-me tanto que desisto. Basta, aliás, entender como se há de rezar o Pai-nosso para saber recitar bem todas as orações vocais (Mosteiro do Escorial).

grandes segredos. Como pudestes ver, encerra e compreende todo o caminho espiritual, desde o princípio até o ponto em que faz Deus a alma engolfar-se e beber com abundância da fonte de água viva que, segundo vos disse, está no termo da jornada. Parece ter querido o Senhor dar-nos a entender, irmãs, as grandes consolações encerradas no Pai-nosso, bem como o imenso proveito que dele podem tirar as pessoas que não sabem ler, as quais, se bem o entendessem, poderiam achar nele muita doutrina e consolo espiritual.

6. Aprendamos, pois, irmãs, da humildade com que nos ensina este bom Mestre; e suplicai-lhe me perdoe o ter-me eu atrevido a tratar de coisas tão sublimes. Bem sabe Sua Majestade que meu entendimento não seria capaz de fazê-lo se Ele mesmo não me ensinasse o que tenho dito. Agradecei-lhe vós, irmãs, este benefício, porquanto decerto é em razão da humildade com que mo pedistes e quisestes ser ensinadas por tão miserável criatura[106].

7. Se meu confessor, o presentado padre Frei Domingos Báñez, a quem entregarei este escrito antes que o vejais, achar que é para vosso proveito e vo-lo der, consolar-me-ei ao ver-vos consoladas[107]. Se para nada prestar, aceitareis minha boa vontade, pois, quando fiz esta obra, obedeci ao que me mandastes; e darei por bem pago o trabalho que tive de escrever – não, por certo, de pensar o que deixei dito! Bendito e louvado seja o Senhor, de quem procede todo o bem do qual tratamos e pensamos e fazemos. Amém.

---

106. Pois bem, irmãs, já parece não querer Sua Majestade que eu continue, pois me faltam as ideias. Pensei em ir adiante, mas vejo que o Senhor já vos ensinou o caminho. No *Livro da vida* que escrevi e do qual já mencionei a vós, fez-me Ele explicar como há de proceder a alma quando chega a esta fonte de água viva, e o que aí sente, e como a farta Deus e lhe tira a sede das coisas de cá, bem como a faz crescer no divino serviço. As que houverem chegado a essa fonte, procurem lê-lo, pois será de grande proveito e lhes dará muita luz (Mosteiro do Escorial).
107. Caso Ele ache conveniente dar-vos este e também o outro (Mosteiro do Escorial).

Conecte-se conosco:

f   facebook.com/editoravozes

⭕   @editoravozes

𝕏   @editora_vozes

▶   youtube.com/editoravozes

🗨   +55 24 2233-9033

www.vozes.com.br

Conheça nossas lojas:

www.livrariavozes.com.br

Belo Horizonte – Brasília – Campinas – Cuiabá – Curitiba
Fortaleza – Juiz de Fora – Petrópolis – Recife – São Paulo

EDITORA VOZES LTDA.
Rua Frei Luís, 100 – Centro – Cep 25689-900 – Petrópolis, RJ
Tel.: (24) 2233-9000 – E-mail: vendas@vozes.com.br